スカッシュ
上達テクニック

松井千夏 著

松井千夏（まつい ちなつ）

1977年8月8日生まれ、神奈川県出身。
2001.04.07.08 全日本選手権優勝
2002.03.05.10.11.12.13 全日本選手権準優勝
2002.06.10 アジア競技大会日本代表
2009.12 東アジア競技大会日本代表
2013 東アジア競技大会個人銅メダル
得意なショットはボレーショット

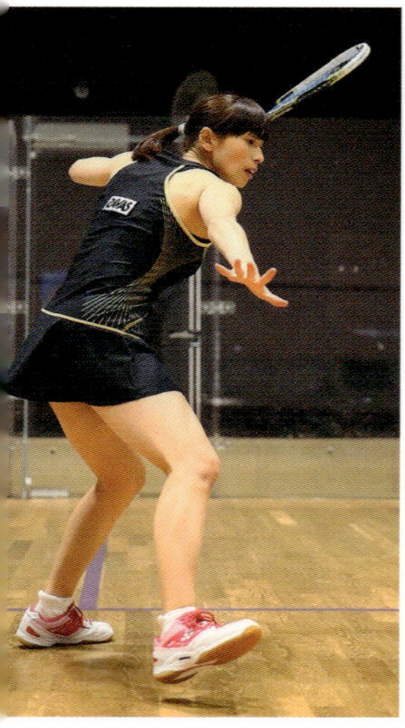

はじめに

みなさん、松井千夏です。

この本を手に取ってくださった方は、スカッシュに興味を持ったり、上達を目指している方ですよね！

私は、体育教師になるために1996年日本体育大学に入学しました。何か運動をしようと思って何気なく始めたのが『スカッシュ』でした。それからはスカッシュに夢中になり、いつの間にかプロプレイヤーになっていました（笑）。

始めた当時、スカッシュというスポーツをまったく知らなかった私は、本屋さんに教本を探しに行ったり、雑誌を調べたりしましたが、残念ながら「これ!」という本を探し出すことはできませんでした。

2020年の東京オリンピックの新種目候補にスカッシュが挙がり、スカッシュを皆さんに知ってもらえる大きなスタートになりました。これをきっかけに、これから多くの方に競技の魅力を伝えていくことが私の役割だと思っています。

本書でスカッシュの基本やポイントをチェックして、上達のヒントとして役立ててください。できなかったことができるようになった瞬間、イメージしていたことがイメージ通りにできた瞬間を、私も皆さんと一緒に共感したいと思っています。

まだオリンピックのチャンスはあります！オリンピックの正式種目になるために日本中の皆さんにスカッシュを知ってもらうこと！体験してもらうこと！愛好者を増やしていくこと！そしてスカッシュを通してみんなが笑顔になれるように私はこれからも頑張っていきます！

スカッシュの扉を開けろ

あるスポーツの音をイメージしてほしい。プレイ中に聞こえる音だ。

「バシィ!」

これはピッチャーが投球練習する音。

「ポーン」
「ポーン」
「ポーン」
「ポーン」

これはテニスでボールを打つ音。

「スパーン」
「スコーン」
「スパーン」
「スコーン」
「スパーン」
「スコーン」

そして、これが、スカッシュの音。

スカッシュのコートは狭い。スカッシュのボールスピードは速い。同じ時間に腕を振る回数は圧倒的に多い。当然、運動量も半端じゃない。それがスカッシュだ。

東京オリンピックの競技種目からスカッシュ落選のニュースが流れたとき、多くの人はこう思ったはずだ。「スカッシュが候補種目だったんだ!」。そして同時に強く印象に残ったのが松井千夏選手の涙だった。

日本のスカッシュ界を長く牽引してきた松井選手にとって、東京オリンピックは日の丸を背負うことができる最初で最後のチャンスだった。それを逃したことがあの号泣につながった。

松井選手には「スカッシュをもっともっと知ってほしい」という気持が強くある。なぜなら、オリンピック競技候補になるほど世界中でプレイされているのに日本での認知度が低いからだ。一度プレイすれば誰もが「こんなに面白いスポーツはない……」と思うことを彼女は知っている。だから落選が残念でたまらなかった。

しかし、いつまでも落ち込んではいられない。スカッシュの楽しさを知ってもらうために自分にできることは……その答えがスカッシュに触れてもらい、上達してもらうための本書だ。さあ、扉を開けて、スカッシュを楽しもう。

ellesse
HEAD

CONTENTS

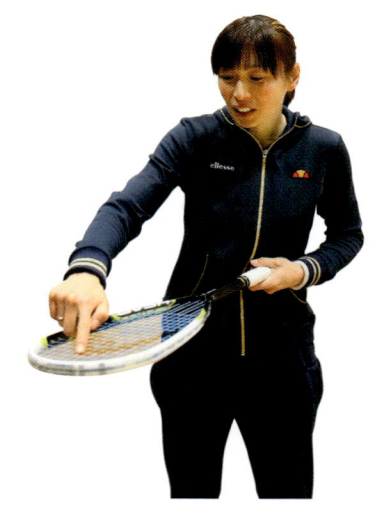

CONTENTS

第1章

コートに入る前に

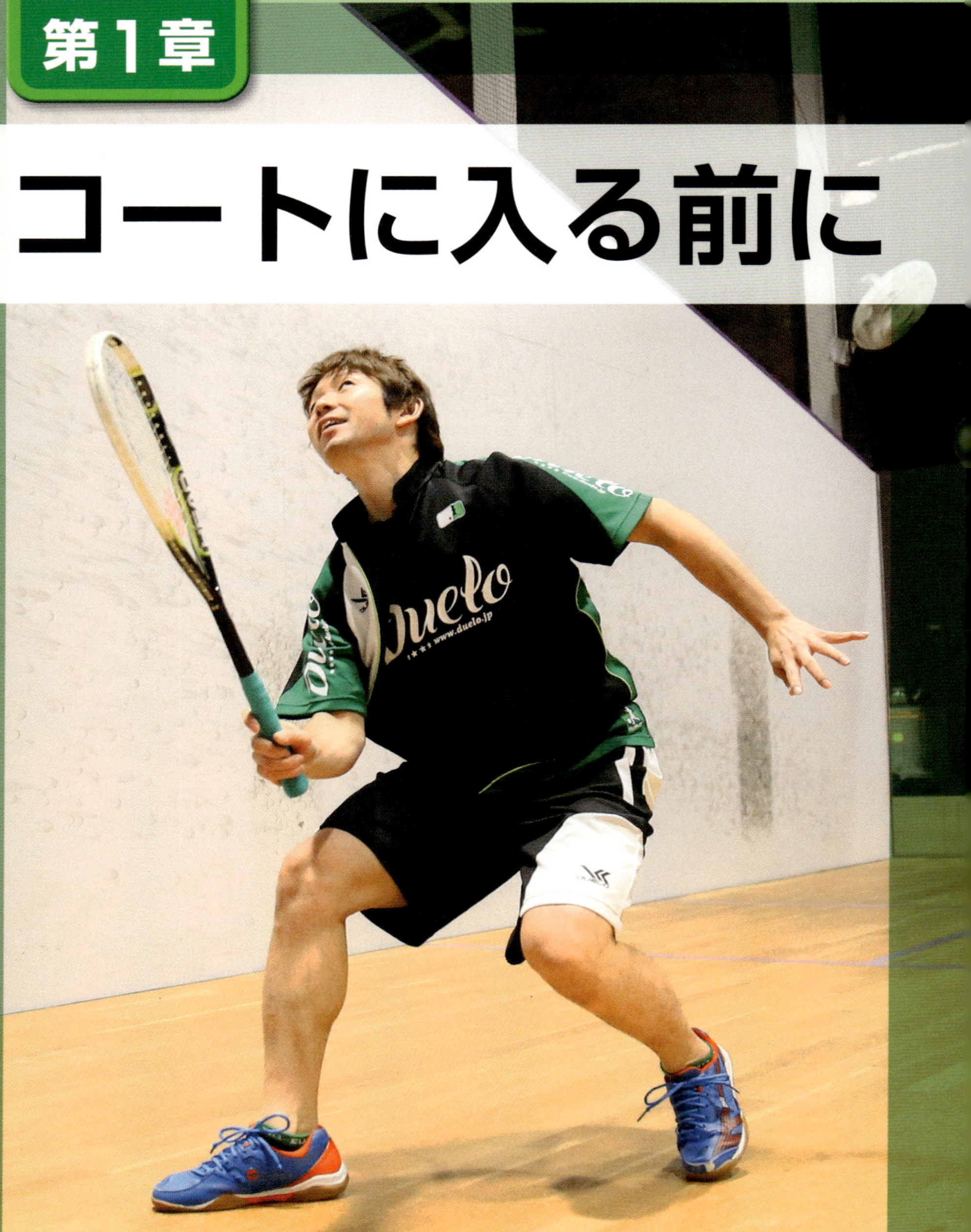

コートに入る前に、まずこの章では、スカッシュがどんなスポーツなのか、その概要を紹介しておきたいと思います。ネットを挟むことなく、相手と交互に打ち合うラケット競技はスカッシュだけ。ユニークでゲーム性の高いスポーツがスカッシュなのです。

スカッシュはこんなスポーツ

スカッシュは、ラケット競技に中で特にユニークな種目です。卓球、バドミントン、テニスといったラケット競技は、コートをネットで仕切って対面で打ち合いますが、スカッシュにはネットが存在しないし、同じコートに2人が入ることになります。

スカッシュの起源には諸説ありますが、19世紀初頭にロンドンのフリート監獄で、囚人達が壁にボールをぶつけて遊んでいたのが始まりとする説が有力で、その後、イギリスのパブリックスクールでプレイされるようになり、徐々にルールも整備されて、今日の「スカッシュ」に発展してきました。四隅を壁に囲まれた監獄から生まれたスポーツというのもスカッシュのユニークな一面と言えるでしょう。

ゲーム性の高いスカッシュはイギリス連邦権から一挙に広がり、今日では世界中で1500万人を超える愛好者がいて、オリンピック種目候補に挙げられるまで発展しています。日本でもスポーツクラブを中心にスカッシュの愛好者は年々増えていて、愛好者人口30万人、競技人口10万人を数えるほどの広がりを見せています。

オリンピック種目には採用されなかったスカッシュですが、アジア競技大会には正式種目として採用されています。この本の著者の松井千夏選手は日本代表として活躍中です。また、最近では、全国各地でジュニアスクールも開講されており、小学生から始めた若手選手たちが日本選手権でも活躍中です。将来、オリンピック種目に採用される可能性も少なくはありません。これからスカッシュを始めるジュニアの中に将来の日本代表選手がいるかもしれないのです。

スカッシュの用具

ラケット

スカッシュのラケットは、重量110～255g以下、長さは68.6cm以下と決まっていて、テニスラケットよりも軽く、扱いやすくなっています。スカッシュラケットもテニスラケット同様に素材の進化が進み、軽量ながら「ボールを良く飛ばせて、なおかつコントロール精度が高い」ものが一般的になっています。

私は115gのものと135gのものを使い分けていてテンションは24ポンド。重さは好みですが、あんまり軽いと手首だけで打ってしまったり、身体を使わなかったりするので、ある程度重量があるラケットがお勧めです。もちろん非力な人が重すぎるラケットを使うとラケットに振り回されてしまうので軽めのチョイスでもOKです

ウェア

公認大会は、男子選手はポロシャツ着用、女子選手は上下がコーディネイトされたものが望ましいとされていますが、普段プレイするときはTシャツでも構いません。動きやすい服装ならOKです。

ボール

スカッシュのボールは、直径4cm、重量24gで、柔らかいゴムでできています。ボールはヒットするうちにボール自体が熱を持ち、弾みやすくなる特性があるため、ラリーがあまり続かない初心者用のボールは最初から弾みやすくなるように作られています。公認大会に使用されるボールは黄色のドットが2つあるもの（一番弾まない）を使用します。

初心者向きのほうが少し大きくて弾みやすくなっています（黄色の1ドット）。私たちが大会で使用するのは黄色の2ドットがついた硬いボールです。力を入れて握ってもこんな感じにしか変形しません。最初は弾まないので試合ではウォーミングアップを兼ねてボールの反発を高めるための5分間の練習（ノックアップ）を必ず行います

アイガード

スカッシュは、けっして広くないコートで、2人のプレイヤーがラケットを振り回しながら交互に打ち合う競技です。プレイによっては2人が交錯する場合もあり、思わぬケガをする危険性もあります。その中で特に怖いのが「眼」のケガです。最近では、眼を保護する「アイガード」の着用も推奨されるようになっています。

スカッシュ用がベストですが、最初はバドミントン用、バレーボール用のシューズでもOK。ただし、裏面がカラーでコーティングされているものはコートに色をつけてしまうので好ましくありません

シューズ

スカッシュは、前後左右に激しく動くスポーツです。安全に快適にプレイするためには足元が安定していなければいけません。その意味で、とても重要なのがシューズです。できることなら、ソールに滑らない工夫を施してあるスカッシュ専用のシューズを履くようにしましょう。

スカッシュのコート

スカッシュのコートは、イラストのように4面を壁に囲まれた仕様で、床の広さはテニスコートの約4分の1。コートの縦は9.75m。コートの横は6.4m。高さは5.6m以上という規格になっています。また、前の壁は「フロントウォール」、左右の壁は「サイドウォール」、後ろの壁は「バックウォール」と呼ばれています。コートの材質は、ボールが規格に適したバウンドをし、プレイの安全が確保されるものであればOK。4面をクリアボードで囲まれたコートもあって、そんなコートでプレイするスカッシュは、「ガラスケースの中の蝶」、「水槽の中の熱帯魚」と言われるほどファッショナブルなスポーツとされています。

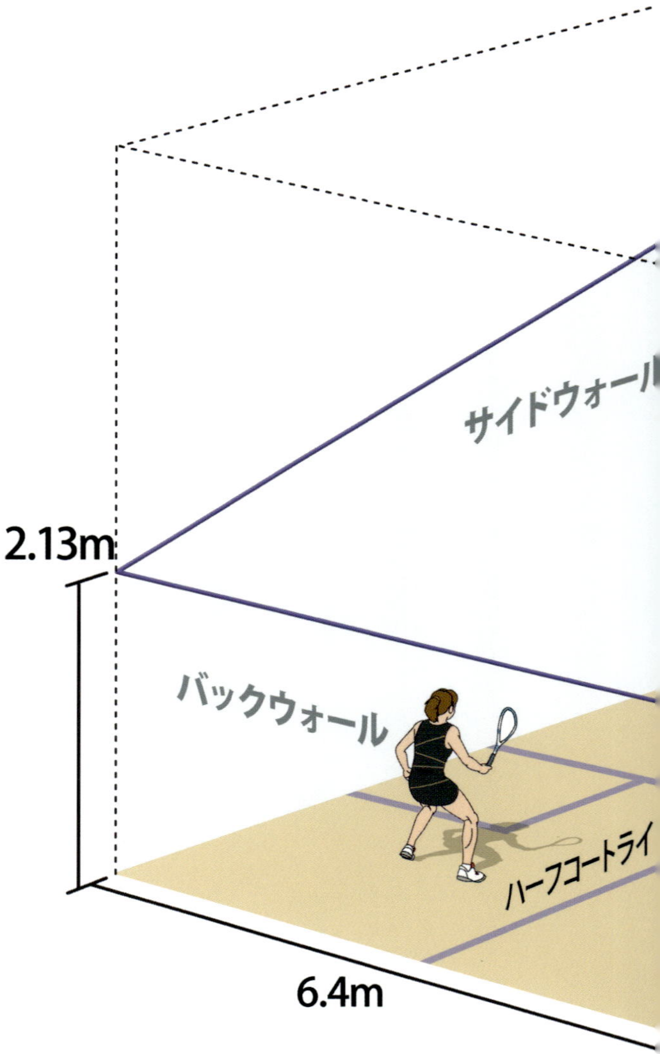

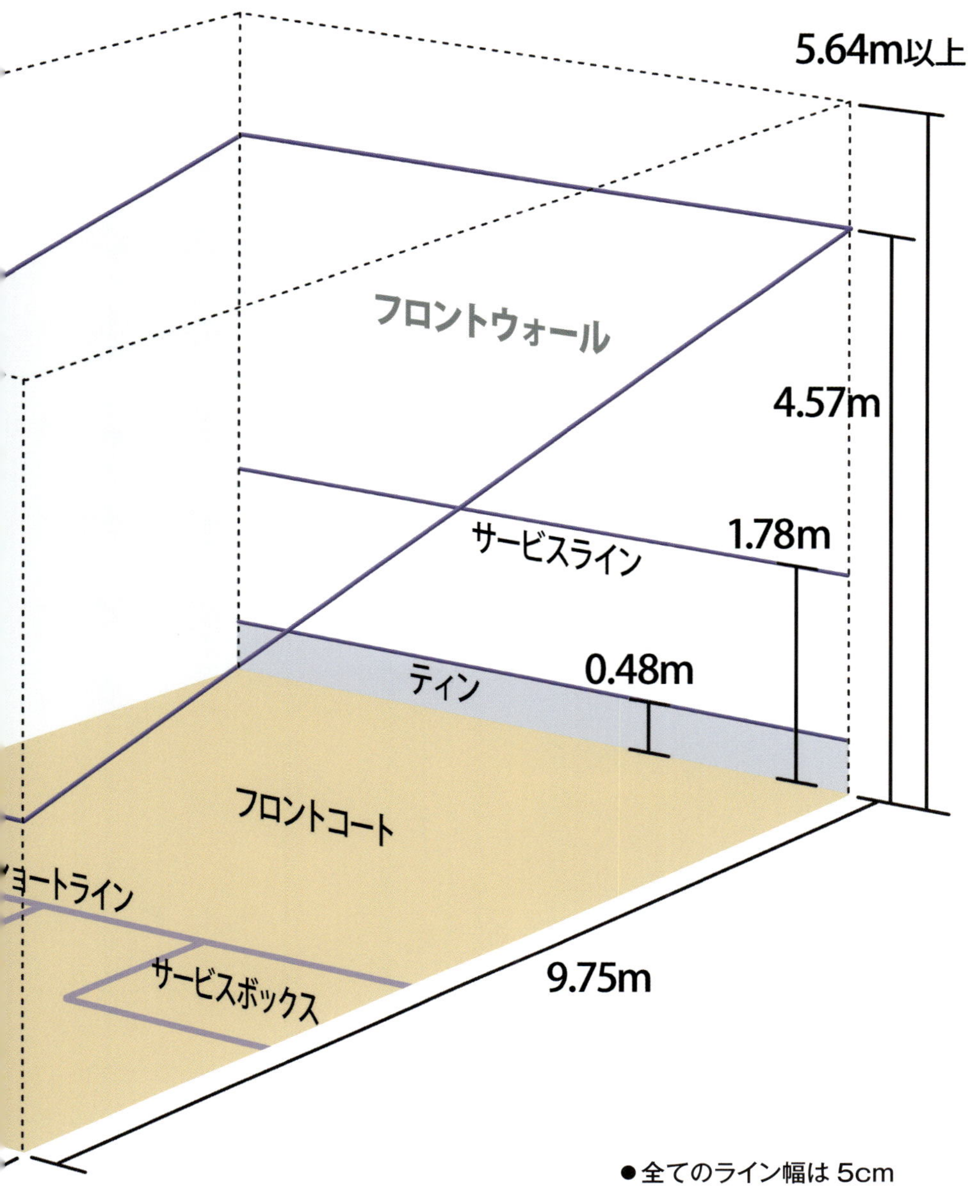

●全てのライン幅は 5cm

Column 1

どうやったらポイントになるの？

プレイヤーの動きもボールのスピードも速いスカッシュですがルールは実に簡単。ワンバウンドでもノーバウンドでも、とにかく前の壁にボールを当てて、最後に返したプレイヤーがポイントを得て、返せなかったプレイヤーがポイントを失う、というシンプルなものです。

スカッシュで失点となるのは主に以下のケースです。

「前の壁（フロントウォール）にノーバウンドでボールを返せない」

「相手が打ったボールに触ることができない」

「ワンバウンドで返せずにツーバウンドしてしまう」

「四方の壁の一番上のラインよりも上にボールが当たってしまう（アウトオブコートライン）」

「前の壁の一番下のライン（ティン）より下にボールが当たってしまう」

たったこれだけのルールを覚えるだけで試合ができてしまうのがスカッシュの魅力です。ただし、他のボールスポーツと違って、スカッシュの場合、オンラインのボールはすべてアウトとなります。これがテニス等のラケット競技と一番違うところです。

オリンピックも視野に入れたルールの改正に従い、現在公式大会で採用されているのは、サーブ権のあるなしに関わらずラリーに勝てばポイントを取れる「ラリーポイント形式」。1ゲームは11点先取で3ゲームまたは5ゲームマッチで行われるのが一般的です。

第2章

スカッシュの基本をおさえよう

この章では、スカッシュの上達が早くなる基本中の基本を紹介します。どんなスポーツでも「ここだけはおさえておいてほしい」というポイントがあります。そこをしっかりおさえることで上達のスピードが変わってきます。まず最初に、正しいラケットの握り方を覚えることからスタートしましょう。

ラケットの握り方

スカッシュでラケットの握りは基本的にワングリップです。フォアハンドもバックハンドも同じ握りで打つことになります。壁にぶつけたボールは凄いスピードで返ってきます。フォアとバックで握り変える余裕はありません。また、ワングリップは様々なショットを打ち分けやすい握りです。まずは、基本となるラケットの握り方を覚えていきましょう。

正しいラケットの握り方

左手にラケットを持ち、手のひらを軽く広げて①、親指と人差し指の又をグリップに置く②。そのまま小指、薬指、中指の3本で絞り込むように握る③。人差し指は、ピストルの引き金を引くような形にし、中指と少し離す④

上から見たら

正しい握りができていたら、上から見たときには、ラケットは写真のように床と垂直になっているはずです

ラケットの握り方

ワングリップ

スカッシュは、フォアハンドもバックハンドも握りを変えずにワングリップでプレイするのが基本です。また、ラケットをしっかりと立てて構えるのも大切なポイントです

フォアハンド

バックハンド

手首をコックする

フォアハンドもバックハンド（○写真）も、手首をコックしてラケットアップするのが大切なポイントです。手首が寝た形（×写真）でラケットを持つことはありません

正しく握れていたら、握り変えることなくラケットの表面と裏面でボールが突けるはずですよ！

ラケットのスイートスポットは先のほうにあります。上のほうで突くとボールがよく弾み、根本で突くと弾まないことを実感してください。球突きで根本に当たることが多い人は、ボールとの距離感が近い証拠です

基本となる正しい構え方

構えるときは、ラケット（グリップ位置）を腰あたりに置き、ラケットのヘッド（打球面）はアップして高く構えます。こうして構えるのは、高い位置から踏み込みを利用してダウン気味に振るのがスカッシュの基本スイングだからです。また、構えたときにはラケットを強く握りしめてはいけません。できるだけ脱力して、リラックスした状態で構えるようにしましょう。

軽く膝を曲げた前傾姿勢でラケットを腰よりも上の位置に上げてボールを待つ

ラケットアップしたままグリップの位置が肩の高さにくるようにテイクバック
高く構えたラケットを足の踏み込みと同時に振り下ろしてインパクト
狙った方向にフォロースルー

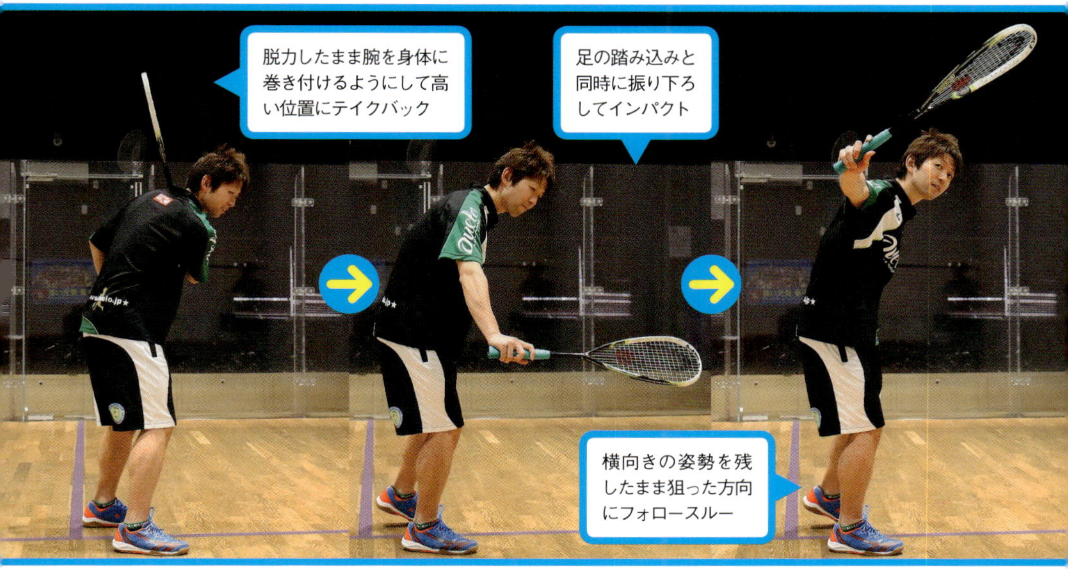
脱力したまま腕を身体に巻き付けるようにして高い位置にテイクバック
足の踏み込みと同時に振り下ろしてインパクト
横向きの姿勢を残したまま狙った方向にフォロースルー

バックハンドの注意点

バックハンドのときに力が入ると、テイクバック時に身体からラケットが離れてしまうので、力を抜いて身体に巻き付けるようなテイクバックを心掛けるのがポイントです。腕の力だけでスイングすると鋭い振りにならないので、ラケットの重さを使って振り抜く意識を持ちましょう。また、スカッシュでは「横振りのスイング」よりも「縦振りのスイング」を利用する機会が多いということも頭に入れておきましょう。

フォアハンドの基本スイング

正面 FRONT VIEW

インパクト
テイクバックからインパクトまでは最短距離でラケットを振り出すのがポイントです。高い位置に用意したラケットを振り下ろしながら踏み込んだ足の膝の前でボールをしっかりとヒットしましょう。また、打点が近くなりすぎるとスムーズなスイングができないので、ラケット一本くらい身体から離したところに打点設定するのも大切なポイントです

フォロースルー
インパクト後に身体のバランスが崩れてしまうと狙ったところにコントロールできません。ボールをヒットした後は、身体を維持しながら、打ちたい方向にしっかりとラケットヘッドを押し出すように心掛けましょう

初めてスカッシュコートに入ったときに打つのがフォアハンドです。フォアハンドは、力が入りやすく簡単に打てそうですが、基本無視のスイングでは、いつまでたっても上達しません。大切な基本をおさえて何十本でも続けて打てるようになりましょう。

フォアハンドもバックハンドも共通するのは、テイクバック（ラケットの引き方）、インパクト（スイングしてボールをヒットするまで）、フォロースルー（ボールをヒットした後）の3つの要素があるということです。この3つがうまく連動して働かないと良いスイングにはなりません。3方向から撮影した連続写真を見ながら、フォアハンドのポイントをおさえていきましょう。

テイクバック

ラケットを引いたときのグリップの位置は肩の高さが基本です。正しいグリップをしていれば、ラケット面はややオープン気味になっているはずです。しっかりと体重移動をして打つために、後ろ足に加重してボールを待ちましょう

フォアハンドの基本スイング

横面 SIDE VIEW

横から見たときのチェックポイントを
確認していきましょう

膝の前でボールをヒット

後ろ BACK VIEW

後ろから見たときのチェックポイントを
確認していきましょう

打つ方向にラケットヘッドを押し出していく
ややオープン気味の面でインパクト

上から下の
スイングで
高い位置に
テイクバック

グリップの位置
は肩の高さに

バックハンドの基本スイング

正面 FRONT VIEW

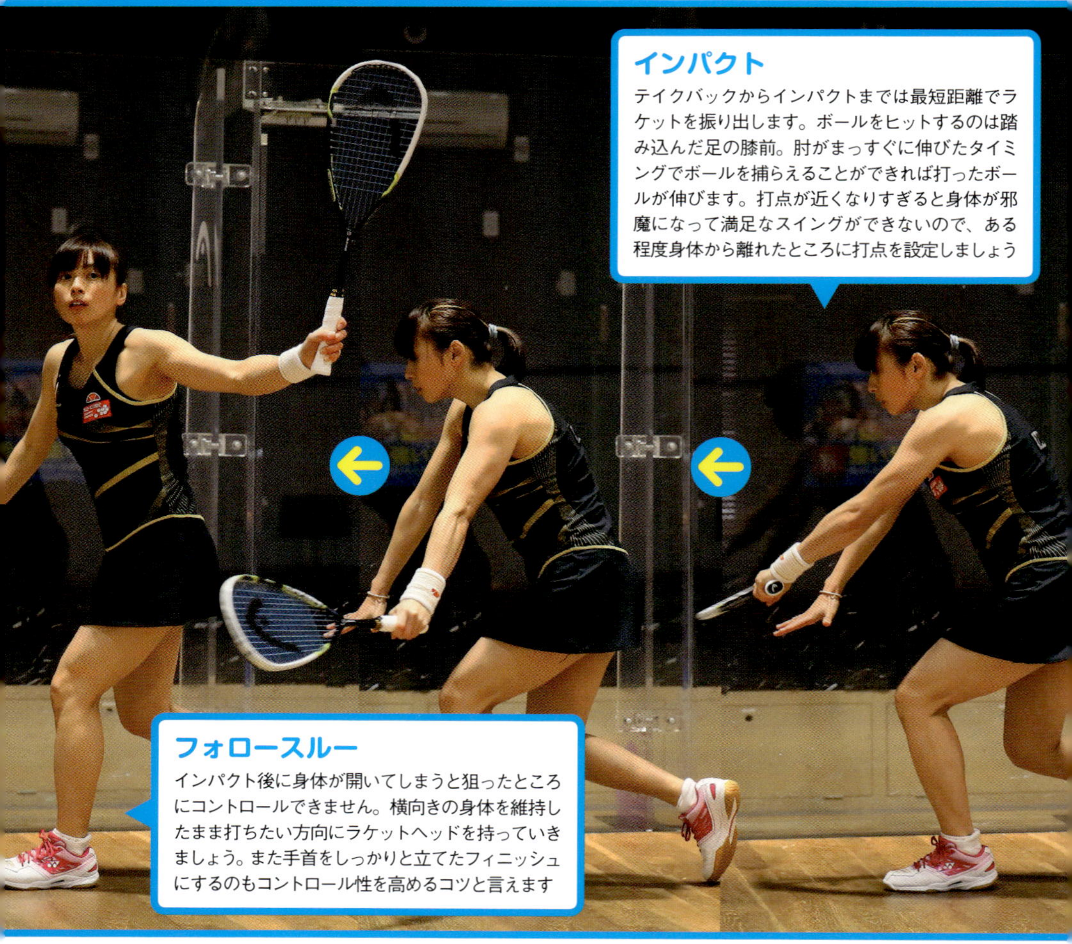

インパクト

テイクバックからインパクトまでは最短距離でラケットを振り出します。ボールをヒットするのは踏み込んだ足の膝前。肘がまっすぐに伸びたタイミングでボールを捕らえることができれば打ったボールが伸びます。打点が近くなりすぎると身体が邪魔になって満足なスイングができないので、ある程度身体から離れたところに打点を設定しましょう

フォロースルー

インパクト後に身体が開いてしまうと狙ったところにコントロールできません。横向きの身体を維持したまま打ちたい方向にラケットヘッドを持っていきましょう。また手首をしっかりと立てたフィニッシュにするのもコントロール性を高めるコツと言えます

フォアハンドは得意だけどバックハンドは苦手……なんてことを言っていたら、いつまでたっても試合には勝てません。最初は難しく感じるバックハンドですが、基本さえマスターすれば意外に簡単なショットと言えます。バックハンドのポイントは、正しい準備姿勢（テイクバック）を作ることに尽きます。3方向から撮影した連続写真を参考に、肩越しにボールを見ながら、肩をしっかりと入れたテイクバックをマスターしていきましょう。

テイクバック

バックハンドのテイクバックは、肩越しにボールを見ながら身体に巻き付けるように高い位置にラケットを構えるのが基本です。構えで力んでしまうとムチのようなスイングにならないので、できるだけリラックスして待球姿勢を作るのも大切なポイントです

バックハンドの基本スイング

横面 SIDE VIEW

横から見たときのチェックポイントを
確認していきましょう

肩越しにボールを見るようにテイクバック

後ろ BACK VIEW

後ろから見たときのチェックポイントを
確認していきましょう

ラケットを身体に巻き付けるようにして高い位置にテイクバック
DUNLOP

身体の前にスイングスペースを作って
肘がまっすぐに伸びたタイミングでボールをヒット

ややオープンの面でインパクト
狙った方向にフォロースルー

基本の動き方

シックスポイントに対応しよう

センターのTポジションを基点に（前面コートの右側①）、（前面コートの左側②）、（サイドコートの右側③）、（サイドコートの左側④）、（後ろコートの右側⑤）、（前面コートの左側⑥）に6つの動きがあるのが、スカッシュの基本ムーブメント（図1）です。どの方向にも素早く動いて、打球後はすぐにTポジションに戻るのがフットワークの基本。自分はコートのセンターに位置して、相手を走り回らせるような状況を作るのが理想です。

「打ったらT、打ったらT」というのがスカッシュの大切なポイントです。ここからは、シックスポイントに対応しながらTに戻るフットワークを学んでいきましょう。

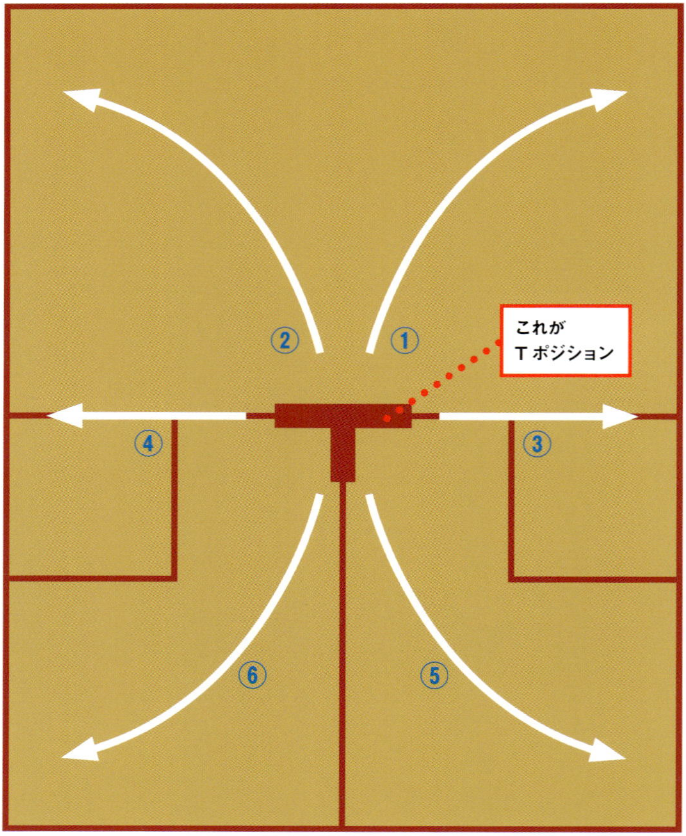

図1　Tポジションを確保するためのシックスポイントの動き

Tポジションを確保しよう

ショートラインとハーフコートラインの交点を「Tポジション」と呼びます。スカッシュは、この「T」を奪い合う競技と言っても過言ではありません。

写真を見てください。「Tポジション」に位置することができればコート四隅のどこに打たれてもボールを取りにいくことができますが、そのポジションを相手に奪われてしまうとつねに不利なポジションでのプレイとなってしまいます。「T」を確保して、相手を走り回らせるような配球を考えるのがスカッシュの醍醐味と言えます。

相手から「T」を奪い返すためには、図2で示したコートの四隅に打つショットが必要です。四隅に配球して相手を動かせば、その隙に「Tポジション」を奪うことができます。スカッシュは極端な言い方をすれば「Tポジション」の陣取り合戦とも言えるスポーツです。

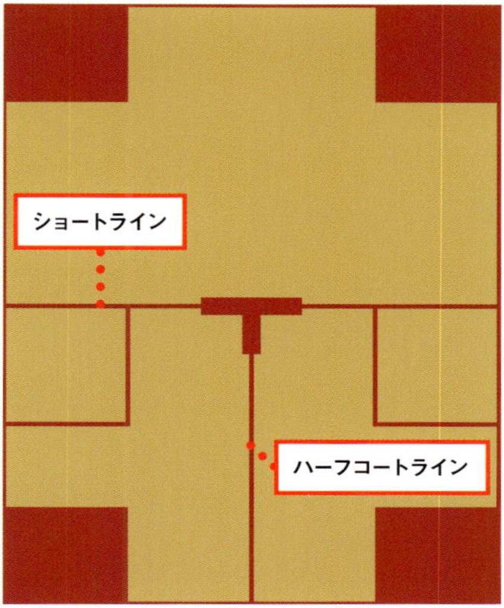

図2　ショートラインとハーフコートラインの交点が「Tポジション」

「T」を確保することで有利なポジションでプレイすることができる

①フォアハンドで前方に動くときのフットワーク（Tポジション➡フォア前のボール）

ここからは、「Tポジション」を確保してからの、「シックスポイント」への基本的なフットワークを紹介することにします。スカッシュでは、コートのセンターに位置する「T」を確保すると有利にゲームを進めることができます。逆に言うと、「T」を確保するフットワークができていないと、つねに不利な状況でのプレイを余儀なくされると言うことです。

まず最初はフォア前に短いボールを落とされたときのフットワークです。私は左利きなので、右利きの人とは逆の方向に動く（写真の説明も逆足）ことになりますが、フットワークの基本は同じです。正確なフットワークを使ってボールに素早く追いつくことができれば、フォア前に落とされたボールでも様々なショットで対処することができます。

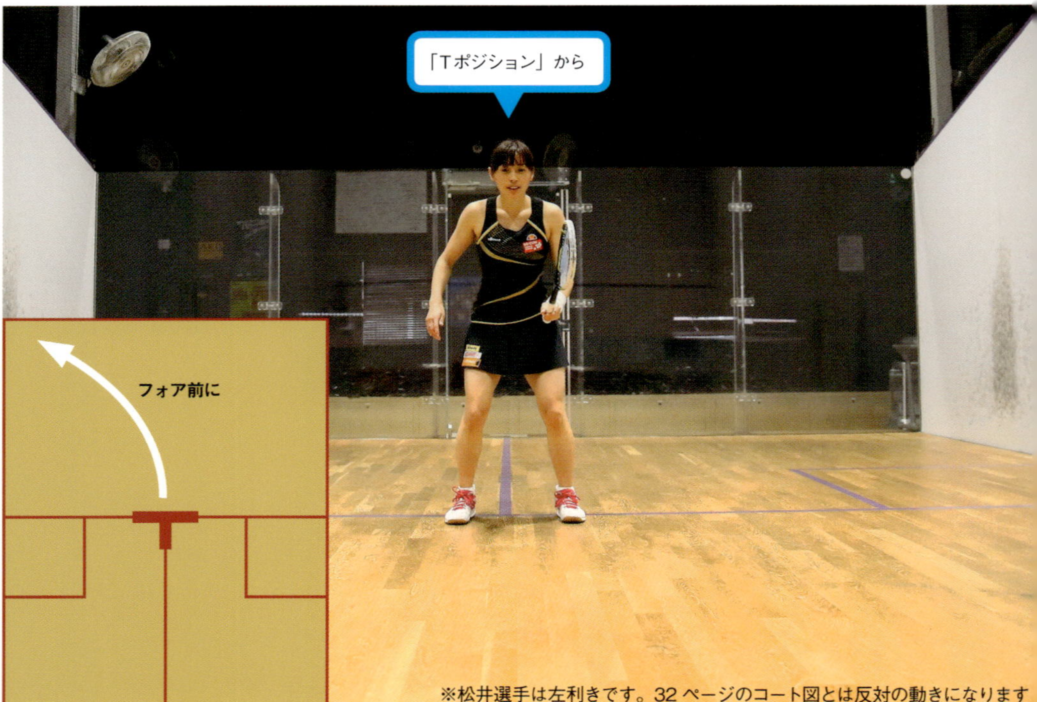

※松井選手は左利きです。32 ページのコート図とは反対の動きになります

まず軸足（左足）を
進行方向に踏み出す
右足を前に継いで
踏み込み足の方向を変
えことで、ボールと身体
の距離感を調整できます
軸足を決めて
テイクバックを完了
インパクト
ボールを打ったらすぐに
「Tポジション」に戻る

②バックハンドで前方に動くときのフットワーク（Tポジション➡バック前のボール）

バック前に落とされる状況は実戦になるとよく現れます。なぜなら、フォアよりもバックの対応が苦手な人が多いからです。しかし、コートの全面を使うことがスカッシュの基本である以上、「バック前が苦手」では試合には勝てません。「T」を確保したら、バック前に落とされても、素早いフットワークで、ストレートドライブや、クロスドライブ、ロビング、ドロップなどのショットを駆使して、相手を前後左右に動かし、自分はつねに「T」を確保するようにすることが大切です。

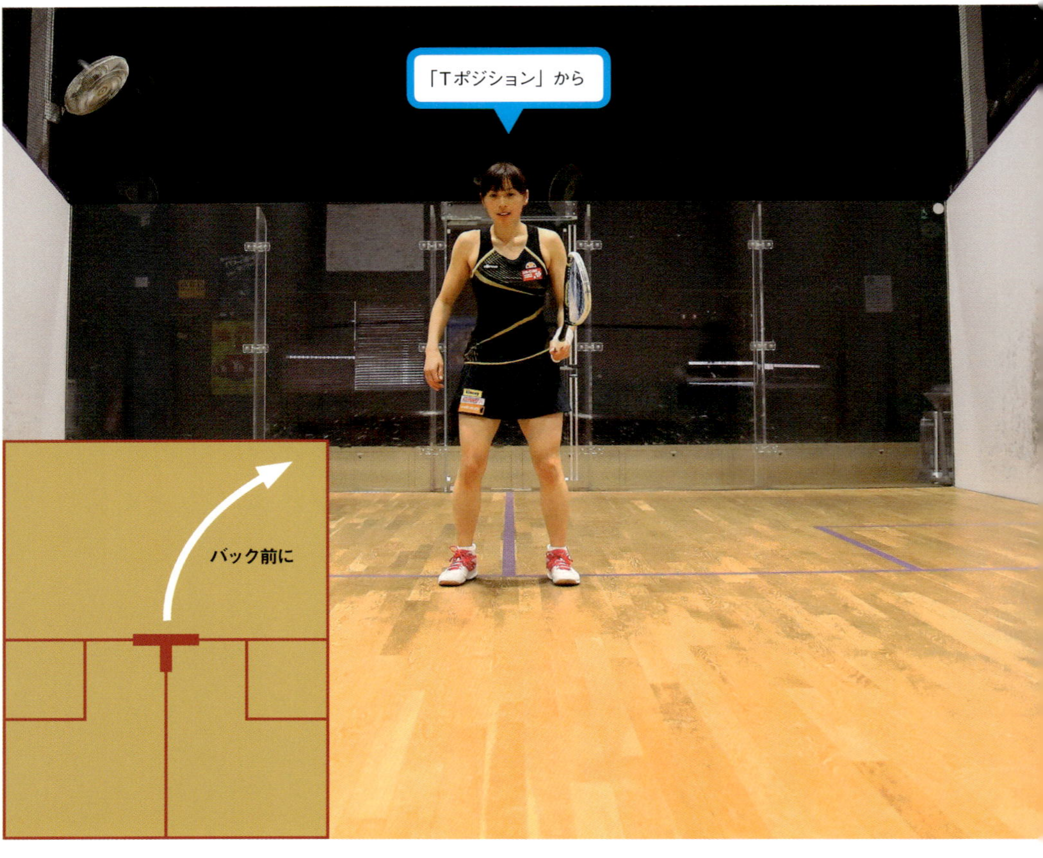

軸足（右足）を進
行方向に踏み出す
左足を前に継いで
軸足を決めて
テイクバックを完了
インパクト
ボールを打ったらすぐに
「Tポジション」に戻る

③フォアハンドでサイドに動くときのフットワーク（Tポジション➡右横のボール）
④バックハンドでサイドに動くときのフットワーク（Tポジション➡左横のボール）

「Tポジション」から
軸足（左足）

踏み込み足（左足）の2歩で準備
インパクト
ボールを打ったらすぐに「Tポジション」に戻る

スカッシュでは、左右の壁に沿って打つストレートドライブのボールがキーとなるショットになります。深いストレートドライブを打たれると、当然、そのボールに対処する場所はコート奥になって、「T」にポジションした相手が有利な状況となります。

ストレートドライブを途中でカットするテクニックがボレーですが、ボレーを打つときには、左右に動くフットワークが重要になります。「T」を確保して、相手のストレートボールをカットするために大切なのが、ここで紹介している左右へのフットワークです。

踏み込み足（右足）の2歩で準備
インパクト
ボールを打ったらすぐに「Tポジション」に戻る

「Tポジション」から
軸足（右足）

⑤フォアハンドで後方に動くときのフットワーク（Tポジション➡フォア後方のボール）

こちらが「T」を確保していたら、ストレートドライブの深いボールを打って、「T」を奪回しようとするのが相手の基本戦術です。実戦になると、フォア側に下がって打つショットが多くなるのは必然です。Tポジションから右後方のボールを追うフットワークは重要です。素早くボールに追いつくことができれば、身体の前にスイングスペースを作ることができて、ストレートドライブやクロスドライブ、ドロップやボーストを使うことによって、再び、「T」を奪い返すことができます。

軸足（左足）を下げて
クロスステップでバック
軸足を決めて
テイクバック完了
インパクト
ボールを打ったらすぐに「Tポジション」に戻る

⑥バックハンドで後方に動くときのフットワーク（Tポジション➡バック後方のボール）

フォアハンド後方と同じように、バックハンドで後方に動くフットワークも大切です。右利きの方なら、左後方に動いたときのショットはバックハンドになります。バックハンドは、身体の前にスイングするスペースがないと様々なショットが打てないテクニックなので、素早くスペースを確保するためのフットワークが特に重要となります。スイングするスペースを取ることができれば、フォアハンドと同様に、ストレートドライブやクロスドライブ、ドロップやボーストを使って「T」を奪い返すことができます。

軸足（右足）を下げて
クロスステップでバック
軸足を決めて
テイクバック完了
インパクト
ボールを打ったらすぐに「Tポジション」に戻る

⑤バックフットを使ってフォアハンドで後方へ
⑥バックハンドを使ってバックハンドで後方へ

「Tポジション」から
軸足（右足）を下げて
クロスステップで後方へ
フォア後方に

バックフットを使ってテイクバック
インパクト
ボールを打ったらすぐに「Tポジション」に戻る

40-41、42-43 ページでは、余裕がある状況での右後方、左後方へのフットワークを紹介しましたが、実戦になると、これだけ余裕を持ってボールに対処できることはほとんどありません。

そこで必ずマスターしてほしいのが、ここで紹介するバックフットを使った右後方と左後方へのフットワークです。

バックフットとは、軸足をボールよりも後ろに下げるテクニックのこと。バックフットを使って、写真のようなオープンスタンスを取ることで、深いボールが来ても身体の前にスイングスペースを確保することができ、厳しいボールにも対処できます。

バックフットを使ってテイクバック
インパクト
ボールを打ったらすぐに「Tポジション」に戻る

「Tポジション」から
バック後方に
軸足（左足）を下げて
クロスステップで後方へ

Tに戻るときのフットワーク

(右前方のボールを打って➡ Tポジションに戻る)

テイクバック
を完了して
インパクト
ボールを打ったら

(左前方のボールを打って➡ Tポジションに戻る)

テイクバック
を完了して
インパクト
ボールを打ったら

36-45ページまでは「T」から、前後、左右、後方に動いたときの基本フットワークを紹介しましたが、それと同時に大切なのは、動いた後に「T」に戻るフットワークです。

スカッシュは、うまい人ほど打球した後のフットワークが優れています。ここで紹介しているのは、左右前方のボールを打ってTポジションに戻るフットワークですが、これと同じイメージで、左右、後方でショットを打った場合でもすぐに「T」に戻るフットワークを心掛けることが大切です。

相手を見ながら
軸足（左足）を下げて
「Tポジション」に戻る

相手を見ながら
軸足（右足）を下げて
「Tポジション」に戻る

Column ②

意外にハードなスポーツ

簡単そうに見えるスカッシュですが、実際にやってみると、とんでもなくハードなスポーツということがわかります。それもそのはずで、エネルギー消費量を換算すると、1分間当たりの消費カロリーはテニスの2倍。ランニングやスイミングよりも運動強度が強いスポーツで（図参照）、トッププレイヤーになると1試合で2～3キロの体重が減ってしまうことがあるそうです。

ただし、これは上級者の話で、基本的にスカッシュは壁当てスポーツですから、初心者でもすぐにラリーができてしまうのが素晴らしい点です。週に1回でも構いません。1時間もプレイすれば、コンスタントな体力作りに役立つし、消費カロリーが大きいので、ダイエットにも最適です。また、テニスと違ってコートの中に入れる制限もないので、思いっ切りボールを引っぱたいてもOK。ストレス解消に打ってつけのスポーツと言えます。

それでは次章からはスカッシュでマスターすべきテクニックを学んでいくことにしましょう。

1分間当たりのエネルギー消費量（単位：キロカロリー）	
スカッシュ	15 以上
ランニング	13
水泳	12
8km/h ジョギング	9
テニス	8
ゴルフ	5
卓球	5
4km/h ウォーキング	3

第3章

スカッシュの基本ショットをマスターしよう

この章ではスカッシュで使う様々な基本ショットを学んでいくことにしましょう。フォアハンド、バックハンドをワンバウンド&ノーバウンドで打てるようにして、それにサービスとレシーブの基本をマスターすれば、もうすぐに試合を楽しめるのがスカッシュの魅力です。

スカッシュで基本となるショットとは?

壁に当てたボールをお互いに打ち合ってラリーを楽しむのがスカッシュですが、それは初心者の段階。初心者が上級者と試合をすると1ポイントを奪うことの難しさを感じるはずです。スカッシュはレベルが上がるに連れて、いかにラリーを続かないようにするか……それを考えるスポーツなのです。

例えば相手を右のフロントウォール前に追い込んだら、次のショットで相手が一番取りにくいのは左のバックウォール際でしょう。攻撃側はそこにボールを配球するテクニックが大切になるし、打たれた守備側はそのボールを返すテクニックが必要になります。

スカッシュはコート全面を利用する競技です。ここでは、すべてのポジションに対応するための基本となるショットを学んでいくことにしましょう。

フォアハンド、バックハンドで得手、不得手があるとコート全面で相手のショットに対応することができません。また、ストレート、クロスの打ち分けができないと相手を追い込むことも守ることもできません。それに状況によっては、ノーバウンドで取ることも、サイドウォールやバックウォールに向かってボールを打つことも必要です。基本のストレートドライブからスタートして、壁際のボールの処理まで、この章でしっかりと基本ショットのポイントを学んでいきましょう。

この状況
だったら

どうする？
それをつねに
考えるのが
スカッシュ

いろんなショットを組み合わせて相手を追い込むチェスのようなゲームがスカッシュ

フォアハンドストレートドライブ

バックハンドクロスコートドライブ

ドロップ

ロブ

ボレー

フォアハンド ストレートドライブ

ストレートドライブは、サイドウォールに沿ってまっすぐに打つショットです。ツーバウンド目がバックウォールのニック(※)に落ちるのが理想です。このショットをうまく使うことができれば相手を後方に走らせることができます。

自分が打つポジションにもよりますが、長いボールを打つためには、フロントウォールのどこに、どのくらいの強さで打つかということをつねに考える必要があります。

※ニック：サイドウォールとバックウォールのコーナーに入って弾まないショット。スカッシュでは一番のウィニングショットとなる

POINT 膝前の延長線上に打点を設定する

「大切なポイントは、身体の前に打つスペースを作ることです。NG写真のようにスペースがないとまっすぐにボールを打ち出せません。テイクバックでは肩の高さにラケットを上げて、そこからステップインしながら、身体の前にスイングスペースを確保して、膝前の延長戦上でボールをヒットすることが大切です」

バックハンド ストレートドライブ

バックハンドもフォアハンドと同様に、身体の横にスイングのスペースを作ることが重要です。つねにラケット1本分のスペース作りを心掛けて、ボールだけでなく、相手を見る視野的な空間を確保しましょう。

テイクバックでは肩越しにボールを見るようにすると上体の捻りを作りやすくなります。テイクバックで身体が開いてしまうと、打点のずれや面がぶれが出やすいので、身体を開かないようにするのは大切なポイントです。また、低いボールを打つときは前屈みになりやすいので、下半身を安定させて上体をしっかりと立てた状態でボールを見ることも大切です。

POINT1 肩を入れて テイクバックする

「身体が開いた状態で正面向きのままではラケットをしっかりと振ることができません。テイクバックするときは、肩をしっかりと入れながらラケットを引くことが大切です」

POINT2 フォロースルーは 打ちたい方向に

「ボールの方向性を出すために大切なのがフォロースルーです。ストレートドライブはまっすぐに打つショット。ボールを打ち出す方向にまっすぐに振り抜くことを意識しましょう」

フォアハンド クロスコートドライブ

クロスコートドライブは、一方のサイドから逆サイドの斜め方向に打つショットです。ストレートドライブと同様に、ツーバウンド目がバックウォールのニックに届くように打ち、後方の隅からボールが出てこないのが理想です。

POINT1 斜めに踏み込んで打点を前目に取る

「クロスに打つときもフォーム的にはストレートに打つときと同じにすることが大切です。ここが違っていては相手に打つコースを読まれてしまいます。クロスに打つときは、踏み込み先が斜め前になりますが、ここでもボールの後ろにラケットがあることが大事です。当然、打点はストレートに打つときよりも前になりますが、膝前でボールを捉える基本はストレートに打つときと同じです」

POINT2 踏み込み足は違っても打点は同じ

「クロスに打つときは打点を前目に取る必要があります。踏み込み足が左になっても右になっても、打点そのものは変わらないという意識を持つことが大切です」

後ろ足の踏み込みでも打点は同じ

バックハンド クロスコートドライブ

バックハンドでクロスコートドライブをに打つときも基本的なポイントはストレートドライブを打つときと同じです。

クロスに打とうとすると無意識に「横振り」になってしまいますが、あくまで打つコースが変わっただけ。フォームを変えてストレートとクロスを打ち分けようとするのは間違いです。

大切なのは、壁のどこに当てるかというコントロール性です。角度をつけ過ぎるとコートのまん中に返ってきてピンチを招く場合があります。サイドウォールに近い床に当たるような角度で打つクロスボールが理想的です。

POINT バックフットを使ったショットもマスターしよう

「ゆっくりと構える時間がない場合は、足をオープンに開いたバックフットの状態でボールを打つことがあります。レベルが高い相手なら、当然、時間を奪うショットを打ってくるので、中級者以上ならバックフットを使った対応は必須です。バックフットで特に重要なのは身体を支える軸足です。膝をしっかりと曲げて上体をまっすぐに保持するのがショットを安定させるポイントです」

フォアハンドボレー

ボレーは、ウォールに当たったボールをノーバウンドで打ち返すショットです。バウンドさせずに返すわけですから、ボレーすると当然展開が早くなり、うまく使うことができれば、相手のリカバリータイムを奪う効果があります。また、バックウォールのコーナーでボールが死んでしまいそうなときも、ボールが落ちる前にボレーでカットすることで次のプレイに繋ぐことができます。

POINT1 腰から肩の高さでヒットするのが基本

「ボレーを打つときにいちばん力が入るのは腰から肩の高さです。肩よりも高い打点は脇が空いたスイングになるので注意してください。また、膝下のような低い打点では、膝を落として姿勢を低くしながら、しっかりとラケットアップして準備するようにしてください」

POINT2 後傾姿勢にならないように

「準備が遅くて後傾姿勢になるとラケット面が上を向いてしまって強いボールを打つことができません。つねに踏み込んだ前傾姿勢でボレーをするようにしましょう」

バックハンドボレー

ボレーを成功させるポイントは、いかにボールの後ろにラケットを用意するかということです。そのために重要なのがテイクバック。これはフォアボレーにもバックボレーにも共通する重要項目です。

スカッシュでは、ドライブもボレーも基本となるスイングの軌道は同じです。ただし、ボールに対応するまでの時間はボレーのほうが短いので、ドライブで打つときよりも打点を合わせることが難しくなります。打点が前になっても後ろになっても狙ったコースを外してしまうので、しっかりと自分の打点まで引きつけて、一気に打ち抜く気持ちがボレーでは大切です。

POINT ラケットヘッドを耳の後ろに準備

「バックハンドボレーは力が入りにくいショットです。ショットを成功させるポイントは、ラケットヘッドを耳の後ろの準備して肩越しにボールを見るようなテイクバックにすること。このときにはヒジを 90 度に曲げてコンパクトな構えを作ることが大切です。また、大きく引き過ぎるとボールを見にくくなるので、必ずボールを見ながらテイクバックに移行するようにしてください」

大きく引きすぎるとボールが見づらい

フォアハンドボレーでニックへ

ニックは、サイドウォールもしくはバックウォールと床の間を狙って打つショットです。完璧に打てればボールが弾まないので相手は返球することがでず、一番のウィニングショットとされています。相手のボールがTにフワフワと浮いてきたときには、ボレーでニックを狙って確実に仕留めましょう。

POINT1 チャンスボールが来たらニックで仕留める

「Tにポジションしているときにチャンスボールが来たら両コーナーのニックを狙って仕留めましょう」

POINT2 上体を捻ったテイクバックでボールを待つ

「ニックに打つときは、ラケットフェイスをオープンにして、高い打点から一気にインパクトに持っていきます。そのために大切なのはスイングのスピード。テイクバックでは上体を捻って、身体全体を使ったスイングにしましょう。NGのように正面を向いたままのテイクバックだと手打ちになりやすいので注意してください」

バックハンドボレーで ニックへ

ニックショットは、相手のチャンスボールを捕らえて打つウィニングショットです。ニックの基本は弾まないボールを打つことに尽きます。そのためにはしっかりと角を取るコントロールが何よりも大切です。

フォアボレーでも、バックボレーでも、ボールよりも高い位置にテイクバックして構えることがポイントです。構えたときのラケットの位置が低いと、上から下に叩き込む込むことができないので、テイクバックでは意識してラケットを高い位置に構えるようにしましょう。そこから斜め前にインパクトポイントを取り、狙った方向にしっかりと振り切ることが大切です。

POINT 打点を確認しよう

「フロントウォールとサイドウォールの壁際を狙うニックショットは、狙った場所にボールをヒットすることが重要です。ピンポイントでボールをコントロールするためには、インパクトで正確な面作りをする必要があります。まず、最初の段階では『どの打点でボールを捕らえれば狙ったところに飛ぶのか』という意識を高めていきましょう」

この面なら
どこに飛ぶという
意識が大切

フォアハンドドロップ

ドロップは、フロントウォールの下部を狙って短く落とすショットです。フロントコーナーのニックを狙ってボールの勢いを殺すようなショットを打つのが理想です。

ドロップを使う目的は、相手を前方に走らせてミスを誘ったり、チャンスボールを誘発させたり、Tポジションを奪い返すことですが、ショットが甘くなると逆にピンチを招いてしまうので、しっかりとしたテクニックをマスターする必要があります。

柔らかいタッチを使うコツがわかれば、ボレーでもドロップを使った攻撃を仕掛けられるようになります。

POINT1 インパクトでラケットを止めない

「ドロップを成功させるコツはボールをカットしすぎないことです。逆回転をかける意識が強い人は、インパクトでスイングを止めてしまう傾向にありますが、それではうまく打てません。ポイントは、スライス面で打ちたい方向にプッシュするというくらいの意識で打つこと。フォロースルーは写真のように小さく抑えましょう」

バックハンドドロップ

T付近からドロップを打てる場合は、フロントウォールの左右2箇所に狙い場所があります。フォアハンドでもバックハンドでも、右前と左前の両方向に打てるテクニックを身につけておく必要があります。

ここで紹介しているのはバックハンドでの打ち分けですが、写真を見てわかるように、どちらに打つときも構えや踏み込みは同じにして、相手にコースを読まれないことが大切です。

同じフォームから、ストレートドロップに打つときは打点を前に取り、クロスドロップに打つときは打点を引きつけて、自在に打ちわけられるようになるのが理想です。

クロスドロップ

ストレートドロップ

POINT 手首をコックして ラケットヘッドを下げない

「インパクトではラケットヘッドが立っていることが大切です。手首をコックして腕とラケットが作る 90 度の角度をしっかり保持しましょう。NGのように手首が緩んでしまうとボールをうまくコントロールできないので要注意です」

フォアハンドボースト

ボーストは、スカッシュ独特のショットで、サイドウォールにボールを打ちつけてからフロントウォールに当てるショットです。サイドウォールへのワンクッションを入れることで、攻撃にも守備にも変化をつけることができます。

バックコーナーに攻められた難しいボールを返球するときにはディフェンスにボーストを使いますが、チャンスボールのときには、ストレートやクロスに返球するように見せかけて、攻撃的にボーストを打つこともあります。サイドウォールをうまく使うボーストをマスターすれば、スカッシュのプレイ幅が一気に広がります。

POINT 3面を使うことから スタートしよう

「ボーストは、サイドウォール→フロントウォール→サイドウォールの3ウォールを使うショットと、サイドウォール→フロントウォールの2ウォールを使うショットがありますが、まず覚えてほしいのは3面をしっかりと使うボーストです。身体の方向をサイドウォールに対して45度にして、強く打たないと3バウンド目が届きません。3ウォールを確実に使えるようになったら、力の強弱や当て場所を考えて、コーナーにボールを落とすような戦術的な使い方を覚えていきましょう」

まず3面を
しっかり使える
ように！

バックハンドボースト

バックハンドはフォアハンドに比べると力が入りづらいショットです。バックハンドボーストで3ウォールに届かせるためには、テイクバックでしっかりと肩、腰を入れて、斜め前 45 度に踏み込み、大きくフォロースルーを取ることが重要です。

慣れてくると、ただ強く打つだけでは3ウォールしたボールが大きくなりすぎて、相手のチャンスボールになってしまうことがわかるはずです。そこを理解した上で、3ウォール目に当たったボールが小さく落ちるように、1クッション目のサイドウォールに当てるボールの角度を徐々に修正していきましょう。

POINT 斜め45度の踏み込みを意識する

「ボーストは、斜め前に打つショットなので打点は直接フロントウォールに打つときよりもずっと後ろになります。ボールを引きつけて、クッションを考えながら狙った場所にしっかりと打ちつけるのが基本。このときに、サイドウォールに対して45度の角度で踏み込むのも大切なポイントです。NGのように90度の踏み込むと打点が前になりすぎてボールを飛ばせないので注意しましょう」

フォアハンドロビング

ロビングは、緩くて高さのあるショットで、フロントウォールに当たったボールがバックコーナーに飛ぶように打つのが理想です。前方に走らされたときや相手にTポジションを支配されているときに使うのが一般的です。ショット自体は、ボールの下にラケットヘッドを入れるドロップと共通項が多いので、短く落とすドロップと、深く飛ばすロビングをうまく組み合わせることで、相手を前後に動かしゲームの展開を変えることも可能です。

POINT1 理想のロブとは？

「ロビングはペースを変えたり、時間やポジションを回復することを目的としたショットなので大きく打つことが基本です。フロントウォールの真ん中より上に当てて、バックウォールぎりぎりにバウンドさせるようなボールが最高のロビングと言えます」

POINT2 フォロースルーを大きく取る

「ロビングもドロップと同様にボールの下にラケット面を入れるショットですが、カット気味に打ってしまうとボールが浮いてしまいます。低い打点から大きくフォロースルーを取るのがロビングを打つときの大切なポイント。ドロップとロビングは性質的には似たショットですが、フォロースルーの大きさはまったく違います」

バックハンドロビング

ロビングは、基本的に下から上に打ち上げるショットなので当然打点は低くなります。このときに注意してほしいのは、膝を曲げ、腰を十分に落として、ボールの下にラケットを入れることです。低い打点になると、棒立ちのままラケットを下げて打ってしまう人がいますが、そんな手打ちではいつまでたっても上達しません。下半身で「ボールを持ち上げる」くらいの意識で打つのがロビングを成功させるコツと言えます。

POINT1 持ち上げるようにスイングする

「ロビングはカットするような打ち方ではバックウォールまでボールを飛ばせません。とくにスイングで上げるバックハンドの場合は、しっかりと持ち上げるような意識でスイングして、高い位置にフォロースルーを持ってくることが大切です」

POINT2 カット打ちはNG

「ラケット面がボールの下をくぐるようなカット打ちだと、高く上がるだけで、フロントウォールに当たったボールを後ろまで飛ばすことはできません」

カットする
イメージは
NG

フォアハンドのアンダーハンドサーブ

テニスのように直接相手コートに打つ競技ではサービス権を持っている側が有利とされていますが、一度フロントウォールにぶつけなければいけないスカッシュでは、どこにボールを落とすか配球のバリエーションを考えることが大切です。サービスの主目的は、有利なポジションのTを確保すること。そのためにサービスは相手を深い場所に追い込むロビング的なボールが多く使われます。またサービスは、アンダーハンド（フォアかバック）で打っても、オーバーハンドで打ってもOK。自分に合った打ち方をセレクトして、サーブ権を持っているときは、つねに主導権を握れるようにしましょう。

POINT 打ったらすぐにTを確保する

「サービスを打ったらすぐにTのポジションへ移動します。そこで跳ね返るボールの弾道と相手の動きを見ながら次のショットに備えるのがサーバー側の基本です」

バックハンドのアンダーハンドサーブ

スカッシュのサービスは1回だけです。決められたポジションから(※1)、右サイド、左サイドと交互に打って、フロントウォールの決められた範囲に当てて、ショートラインとハーフコートラインで囲まれた4分の1の床にボールを入れなければいけません(※2)。

(※2) サービスの有効範囲
「左サイドのボックスからサービスするときは右サイドの1/2のスペース(左コート図)。右サイドのボックスからサービスするときは左サイドの1/2のスペースが有効範囲(右コート図)。もちろん、フロントウォール→サイドウォールと2クッションさせても構いません」

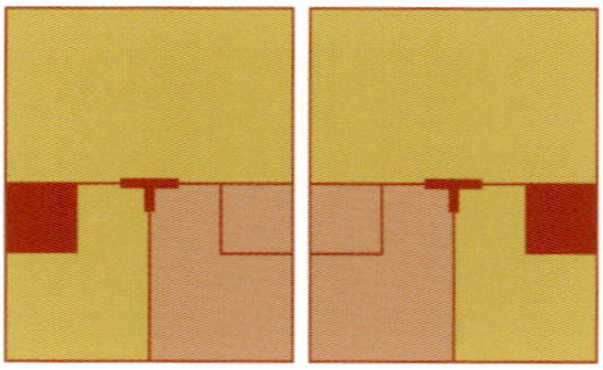

（※1）サービスボックスに片足以上を入れる　「サービスボックスに片足以上が入っていればＯＫ。ただし、打ち終わった後にボックスから足が出てしまうとフォールトになります」

オーバーハンドサーブ

スリークォーター気味に上から打つのがオーバーハンドサービスです。ボールを強く打って相手を後ろに下がらせるのが目的ですが、アンダーハンドサービスのように確実に深いボールを打てるわけではないので、ボールが落ちる前にボレーで返球されてしまうと、結構危険な場面を作りやすくなります。ボレーでの対応がうまい上級者レベルであまり使われないのはこうした理由からです。しかし、相手のレベルが低く、ボレーが苦手（とくにバックハンド）というケースだったら、相手のバック側狙いで思い切りオーバーハンドサービスを使うのは悪い作戦ではありません。

POINT どこを狙って打てば良いのか？

「上から打ったサービスは低い弾道で跳ね返ってきます。甘くなるとボレーで反撃されるので、フロントウォール→サイドウォールの2クッション目を『どこに落とすのか？』とつねに考えることが大切です。普段からフロントウォールにターゲットを置いて『あそこに当てればここに落ちる』というような練習が効果的です」

ターゲットを設定して打つ

フォアハンドレシーブ

レシーブは、相手のサービスを返球するショットです。サーバーは、当然サービスから有利な状況を築こうと様々なボールを打ってきます。それに対応するレシーブ能力は疎かにすることはできません。

サービスを打った相手はTを確保して主導権を握ろうとします。そこを踏まえた上で、どんなレシーブをすれば主導権を取り返すことができるのか？ と考えるのがレシーバー側の基本戦術です。レシーブでは、ストレートドライブを軸に、いかに相手から遠いコースに返すか、いかに相手を走らせるか、といったことをつねに考えながらプレイしましょう。

POINT レシーバーの立ち位置は？

「レシーバーは、サービスボックスの後ろで、写真のポジションくらいに立つのが基本です。また、身体の方向はサイドウォールに向けて準備し、サーバーが打球するときはかならずそのフォームを見るようにしましょう」

バックハンドレシーブ

サーバーは、レシーバーがもっとも返球しづらいサイドウォールに沿ったサービスを打った後は、コートの中央のTに構えて、レシーバーの甘いボールを待っています（POINT 参照）。

その2人のポジションを考えると、レシーバーにとって基本となる返球コースが自ずとストレート方向になるのがわかるはずです。50 ページで、スカッシュの基本ショットは「ストレートドライブ」という説明をしましたが、これはレシーブでも共通。深いストレートドライブでレシーブして、相手をTから動かし、自分がTに入るのがレシーバーの基本戦術です。

POINT ストレートドライブが基本

「サーバーが基本に忠実に深いサービスを打ってくると、この写真のような状況が生じます。ここでレシーバーが考えることは『どこに打てばＴを奪い返すことができるか?』ということ。そうなると自ずとストレートドライブで相手を下げる深いボールということになります」

壁際（サイドウォール）のボールの処理

スカッシュは四隅を壁に囲まれたコートを使うためラケットが壁を叩いてしまうのは仕方がないことですが、レベルが上がれば壁際のボール処理の巧拙がポイントに反映します。

サイドウォールに近いボールを打つときのポイントは、壁に近づきすぎないことです。壁と身体の間にスイングスペースを作って、壁に沿ったスイングを心掛けましょう。また壁際のボールは、思い切り打つのではなく、ラケット面をオープンにして半分の力で打つのが失敗しないコツです。私たちは普段からハーフスイングでひたすらまっすぐに打つ練習を行っています」

バックハンド

POINT1 壁に近づきすぎない

「サイドウォール際のボールを打つときは、身体の前にスイングスペースを確保することが重要です。NGのように壁に近づきすぎてしまうと、ボールを打つ前にラケットが壁を叩いてうまく返球できません」

POINT2 狭いスペースでの練習

「壁際のボールに強くなるためには、ひたすらまっすぐに打つ練習を繰り返すしかありません。ラケット面をオープンにしたハーフスイングで10球連続で壁打ちできるようになればOKです」

壁際（バックウォール）のボールの処理

横面 SIDE VIEW

バックウォールのコーナーに落とされたボールの処理は大変難しいものですが、ここでもスイングスペースを作ることができれば様々な返球が可能です。

ベストの返球は、フロントウォールに当ててバックコーナーでワンバウンドさせるボールです。こうなれば守勢から攻勢に回ることもできます。基本はフロントウォールにしっかりと届く返球なのでスイングの大きさが必要です。注意点はバックウォールから跳ね返ってくるボールの軌道を予測して、スペースを作りながら下がること。スイングスペースがあれば、クロスへの返球も可能だし、ボーストを使った返球も可能です。

POINT バランスボール一個分の空間を作る

「コーナーに下がったときも大切なのはラケットを振るスペースを作ることです。身体の前にバランスボール一個分くらいの空間があると自由にラケットを振れます。NGのようにコーナーに詰まってしまうのが典型的なミスの例です」

壁際（バックウォール）のボールの処理

POINT クロスやボーストも使ってみよう

「スイングできるスペースがあれば、ストレートだけでなく、クロスやボーストを使って相手の意表をつくこともできます！」

正面 FRONT VIEW

第4章

基本練習プログラム

基本ショットのポイントを理解したら、練習を繰り返して使えるものにしなくてはいけません。ここでは、スカッシュのテクニックを習得するための練習プログラムを紹介します。1人から2人、2人から3人。さらにグループでも行える基本的な練習法です。

1人で行う基本練習（ストレートの連続）

初めてボールを打つときは、いきなり強打するよりも、短い距離からはじめて、徐々に壁までの距離を取っていく練習をお勧めします。まずは、スカッシュのラケットとボールに慣れることが大切だからです。まっすぐ打って（基本中の基本のストレートドライブからスタート）、何球でも続けて壁打ちできるように繰り返し練習しましょう。

①

サイドウォールを使って短い距離の壁打ち

「このくらいの距離に立ってサイドウォールで壁打ちをしましょう。フォアハンドが終わったらバックハンドも」

POINT 自分なりのルーティンを作ろう

「このページで紹介しているストレートの連続から、その後にクロス、ボーストと移行するのが私のルーティン。基本の練習は、プロも初心者も同じです！」

②

サイドウォールを使って中距離の壁打ち

「短い距離で慣れてきたら少し距離を取って壁打ちをしましょう。何十回でも続くようになるのが目標です」

DUNLOP
HEAD

③

フロントウォールを使って長い距離の壁打ち

「サイドウォールで続くようになったら、今度はフロントウォールを使って長い距離で壁打ちをします。フォアでもバックでも、しっかりと打って構えたポジションまでボールを返せるように」

④

サイドウォールを使って➡フォア＆バックの交互打ち

「1ストロークでフォアとバックを連続して交互に打ちます。これは結構難しいので中級者以上にお勧めです」

フォアを
打ったら
次は
バックで

1人で行う基本練習（フィギュア8ストローク）

Tにポジションに構えて、フロントウォールからサイドウォールを使って一人でラリーを続けるのが「フィギュア8」です。壁の跳ね返りを使ってボールを返すことになるので、どこに当てれば自分のところに返って来るか……入射角度と反射角度を覚える練習になります。また、フォアハンドとバックハンドを交互に打つことになるので、ラケットワークを覚えるためにも効果がある練習です。

Tポジションに立ってフロントコートのコーナーを狙います

「このラケット1本分のエリアを狙うとうまくラリーがつながります」

① Tに構えて

② フォアハンドでクロスへ

③ 跳ね返ってきたボールをバックハンドで

④ クロスへ打って、①に戻ってのストローク連続

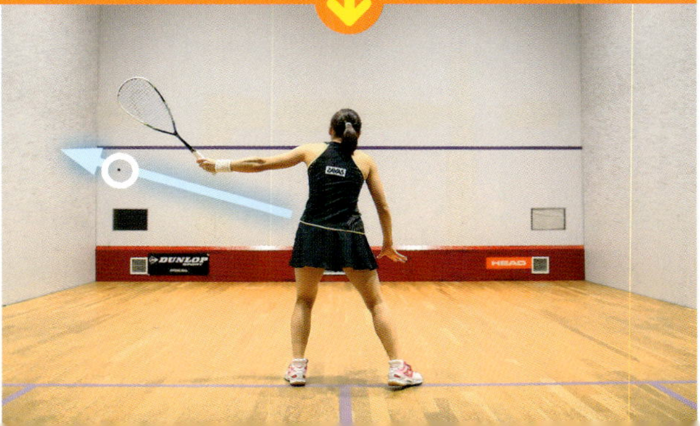

1人で行う基本練習（フィギュア8ボレー）

Tよりも前で行えば、当然、打つスピードも上がるので、よりラケットワークを素早くする練習となります。ストロークでうまくできるようになったら、次のステップとしてボレーに挑戦しましょう。フィギュア8は基本的にクロス方向に打つショットなので、まっすぐに打つときよりも打点を前に取るのがポイントです。

フロントコートで
①
フォアハンドボレー構えて
②
そのままフォアボレーに構えて①に戻ってクロスボレーを連続して行なう
⑦

クロスボレー
③
フォロースルー
からそのまま
④
バックハンドボ
レーに構えて
⑤
クロスボレー
⑥

2人で行うパターン練習①（ストレートVSストレート）

ここからは2人で行うパターン練習を紹介します。まずは、コートの1/2を使ったストレート対ストレートのラリーパターンから。2人は交互に深いストレートボールを打ち、ポジションを入れ替えながらストレート対ストレートのラリーを行います。

ポイントは、1人が打ったら速やかにポジションを空けて相手に進路を譲ることです。この練習では、ボールを打ったらすぐに交互にTに戻る動きを入れて、スカッシュ特有の相手に進路を譲る基本動作をマスターしていきます。

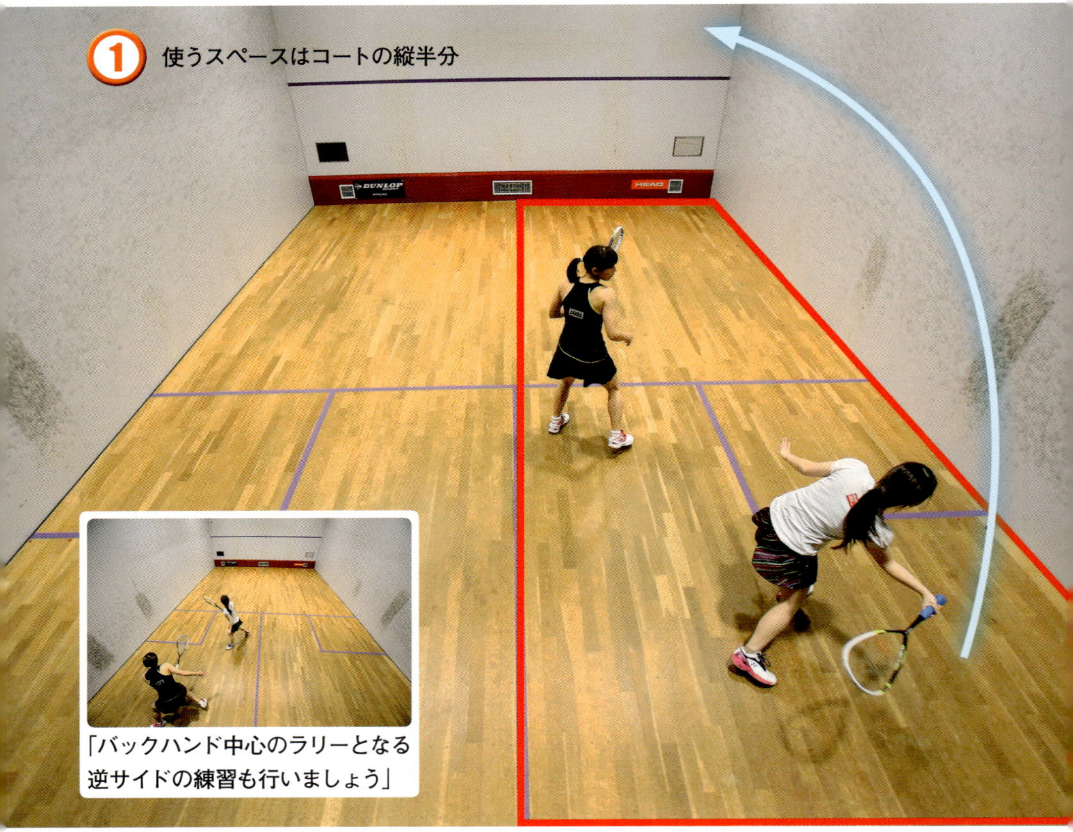

① 使うスペースはコートの縦半分

「バックハンド中心のラリーとなる逆サイドの練習も行いましょう」

② ストレートドライブの球出しからスタートしたら

③ ポジションを入れ替えながら

④ ストレートドライブで返球

⑤ 何回でも交互のストレートラリーが続くように

2人で行うパターン練習②（ドロップVSストレート）

これはコートの 1/2 を使ったドロップ対ストレートのパターン練習です。前の選手は、すべて深いストレートボールを打ち、後ろの選手は、すべてドロップで返球します。

ストレートのラリーはスカッシュの基本中の基本です。ポイントは、前の選手は、できるだけサイドウォール、バックウォールの壁際を狙って打つこと。後ろの選手も、できるだけ壁前ぎりぎりに落とすボールを打つことが理想です。コントロールを重視しながら何本でもラリーできるように練習しましょう。

① ドロップを前の選手はストレートドライブで返球

② 後ろの選手はまたドロップで返球

③ 前の選手はストレートドライブで返球の連続

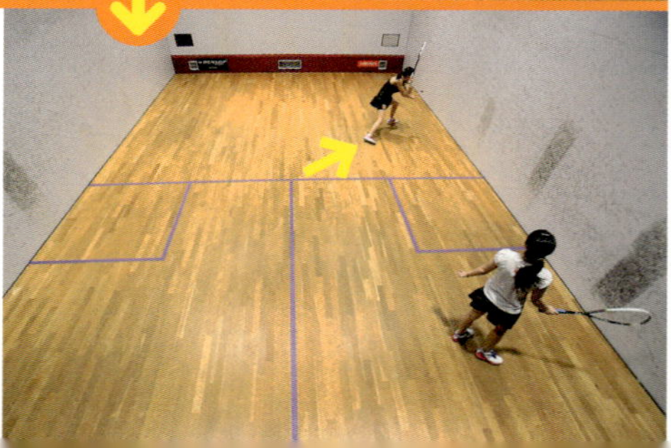

2人で行うパターン練習③（ドロップVS クロス）

バックハンド中心のラリーとなる逆サイドも行いましょう。また、ドロップ VS ストレートのパターンに慣れてきたら、ドロップ VS クロスのパターン（写真）やストレートとクロスをランダムに打ち分けるパターンにして、より実戦的な練習も行いましょう。

① 後ろの選手はドロップで返球

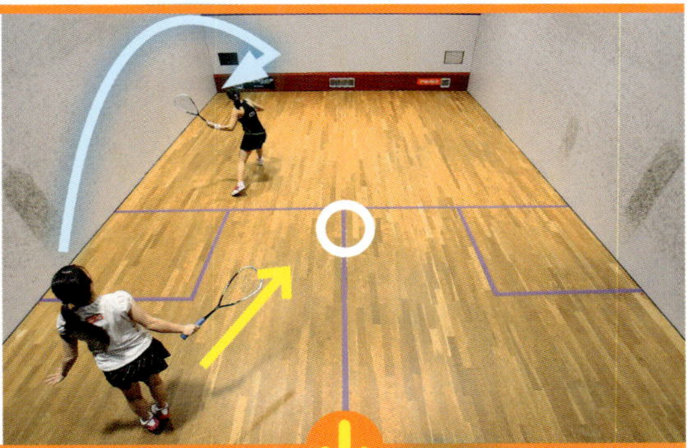

② 前の選手はクロスに返球。後ろの選手はサイドに走る

③ 後ろの選手はポジションを移動してドロップで返球

2人で行うパターン練習④（ボーストVSストレート）

これはスカッシュ特有のボーストを使ったパターン練習です。Tでボールを待つ選手は、跳ね返るボールの落下点を予測しながらプレイすることが大切です。

後ろでボーストを打つ選手は、深いストレートボールはスリーウォールボースト(*)でしっかりと守り、ストレートボールが浅くなったときはツーウォールボースト(*)で、ツーバウンド目でニックに入るようなショットを心掛けましょう。

① 後ろの選手がフォアハンドでボーストを打ったら

② 前の選手はストレートドライブで返球

③ 後ろの選手はサイドに移動してバックハンドボーストで返球

④ 前の選手はストレートドライブで返球

⑤ 1コマ目のパターンに戻って繰り返し

POINT

スリーウォールボースト(*)

サイド→フロント→サイドと3クッションさせるボースト

ツーウォールボースト(*)

サイド→フロントの2クッションボースト。攻撃なボーストなので「アタッキングボースト」とも呼ばれる

2人で行うパターン練習⑤（ボーストVSクロス）

これはボーストとクロスをミックスさせたパターン練習で、コートを対角線で分けて行います。

Tで待つ選手は、ボーストで跳ね返るボールの落下点を予測しながら深いクロスボールを返し、後ろで待つ選手は、前の選手のフォームや打点を見極めながら、どんな深さのクロスボールが来るか素早く判断します。深いクロスボールにはスリーウォールボーストで守り、浅くなったときはツーウォールボーストで攻撃的に仕掛けましょう。

① 後ろの選手がボーストを打ったら

「後ろの選手がバックハンドボースト。前の選手がフォアハンドでクロスに打つ逆サイドの練習も行いましょう」

② 前の選手はクロスに返球

③ 後ろの選手はボールを追って

④ 1コマ目のパターンに戻っての繰り返し

POINT クロスの返球によって攻撃か守備かを決める

深いボールにはスリーウォールボーストでしっかりと守る

浅いボールは2クッションのアタッキングボーストで攻める

複数で行うパターン練習①（ボースト➡クロス➡ストレート➡ボースト）

ここからはコートに3人が入る練習パターンを紹介します。基本は1対1の練習ですが、コートに入る人数が多くなるほど練習強度は軽くなるので、初中級者が多いサークルなどの練習には適しています。人数を増やしてもローテンションをうまく使えば効果的な練習を行うことは可能です。

写真はボースト→クロス→ストレート→ボーストのショットローテーションを3人で行うパターン。大切なのは前にいる選手のポジショニングです。自分がクロスを打ったらすぐにTに戻ることを心掛けていないと失敗例のような状況に陥ってうまくラリーが続かないので注意しましょう。

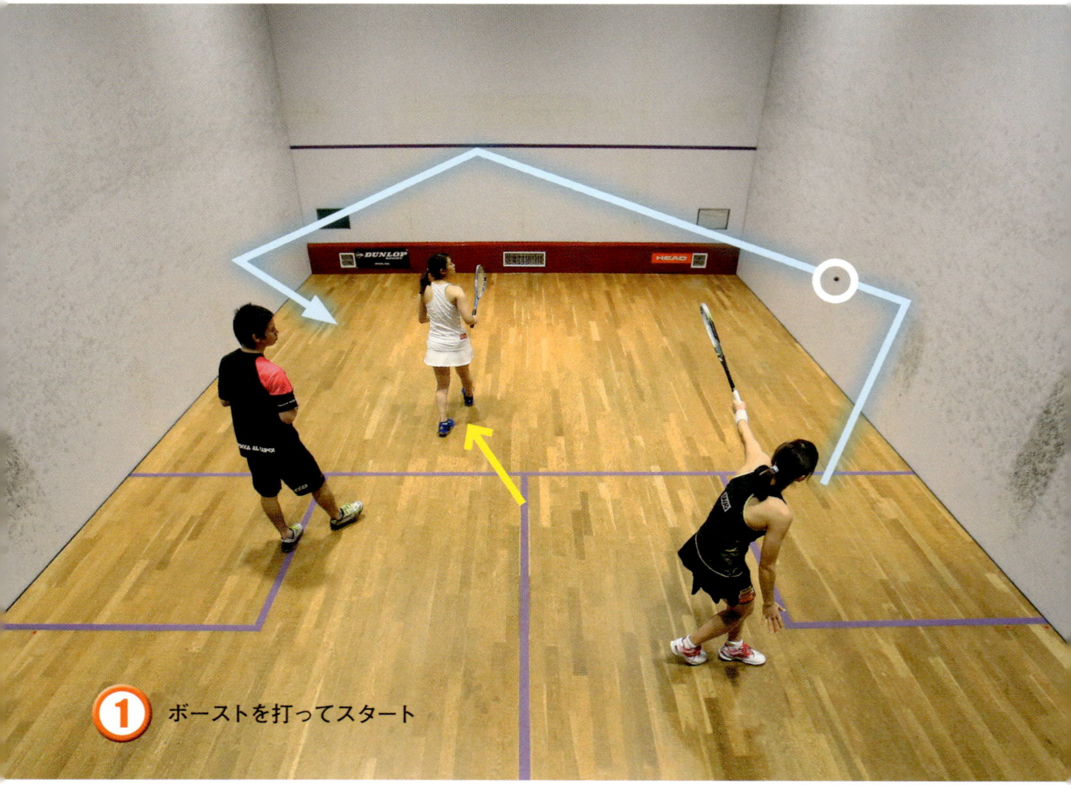

① ボーストを打ってスタート

2 前の選手はクロスに返球

3 後ろの選手はストレートへ返球

4 前の選手がボールを追って1コマ目のパターンに。ここで前の選手が入れ替わる

POINT Tへの戻りが遅い失敗例

相手がストレートの打つときのポジションがTより前だと

ストレートの深いボールをボーストで返球することができない

複数で行うパターン練習②（ボースト➡ドロップ➡ストレート）

これはボースト→ドロップ→ストレートのショットローテーションを3人で行うパターンです。

練習の最大のポイントは後ろでボーストを打った選手の動きと言えます。フォアハンドボーストで打った選手は、前の選手のドロップを追って対角線を走ってストレートドライブで返球。そのボールを3人目の選手がバックハンドボーストで打って対角線へ走るいう繰り返し。3人で行う練習としては運動強度もショットバリエーションも高い、高度な練習となります。

①フォアハンドボーストを打ってスタート

②前の選手はドロップで返球

③ボーストを打った選手がドロップを拾いに走って

④ ストレートに返球

⑤ 3人目の選手がバックハンドボーストで返球

⑥ 前の選手はドロップ

⑦ 選手が入れ替わって1コマ目のパターンに戻る

複数で行うパターン練習③
（ボースト➡クロス➡ストレートのローテーション）

ここからはコートに4人が入る練習パターンです。当然、3人より4人のほうがテンポがゆっくりになり、同時に複雑な動きも制限されるので、大人数で基本的なショット練習を行うときに向いたパターンと言えます。

写真はボースト→クロス→ストレートのショットローテーションを4人で行うパターンで、110 ～ 111 ページのパターン①に1人を加えたバージョンです。この練習で大切なのはショットの正確性。次の選手がしっかりと打てるように、コントロール性を重視しながら自分の役割のショットを打つことが大切です。失敗せずに何周でもラリーできるように頑張りましょう。

① ボーストを打ってスタート

② 前の選手はクロスに返球

③ ストレートに打って

④ 前にいた選手が下がって1コマ目のボーストを打つ状況でローテーション

複数で行うパターン練習④
（ストレート➡ボースト➡クロスでボレーOKパターン）

これは前ページの練習パターンの変形で、返球にボレーを使っても良いバージョンです。ボレーを使うと展開が早くなるので、それに応じて動きも早くする必要があります。

4人が入るとコートが狭く見えますが、基本的にボールを打ち合うのは2人というところがミソ。このパターンのように、ストロークをボレーに切りかえるだけで、練習の強度を上げることも可能です。ショットの組み合わせを工夫すればレベルに応じて様々な練習を行うことができます。

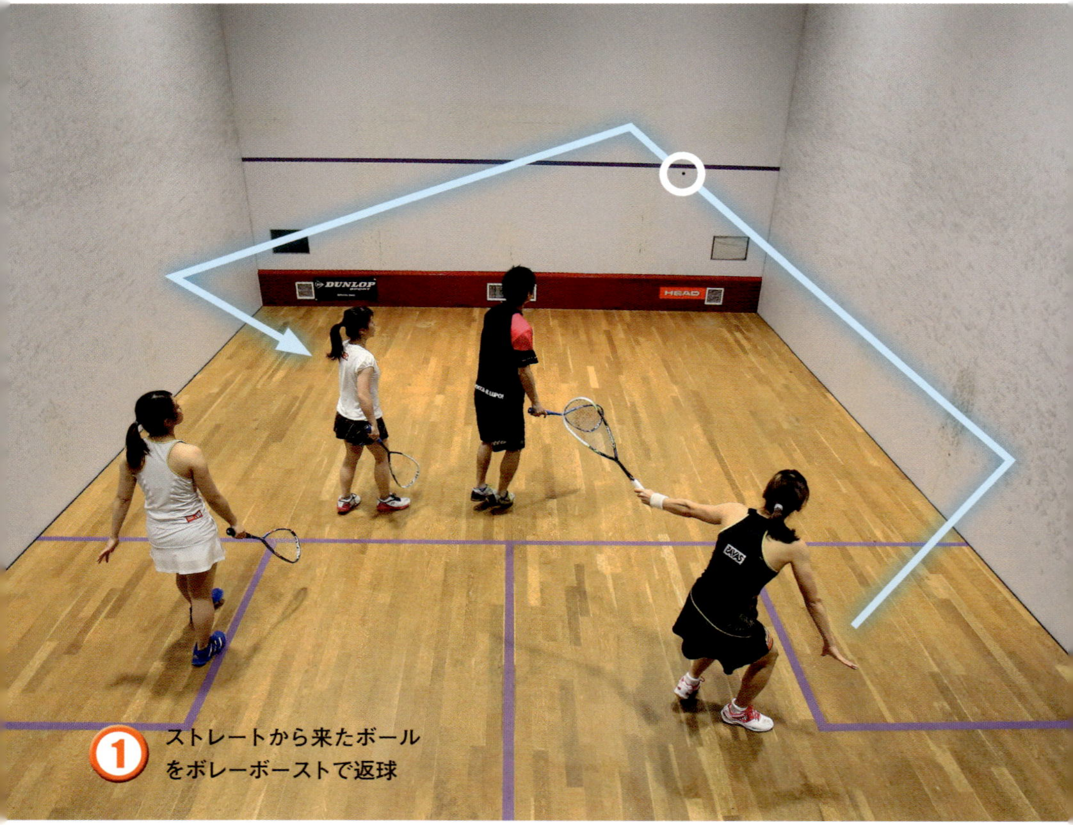

① ストレートから来たボールをボレーボーストで返球

② 打ったら
ローテーション

③ 前の選手が返してきたクロスを

④ ボレーボーストでクロスに返球して

⑤ ローテーション

Column 3

スカッシュに興味を持ったら？

日本スカッシュ協会は、全国に7つの地区支部を持ち、47都道府県にそれぞれ支部を置いています。つまり、全国どこでもあなたの周りにスカッシュがあると言うことです。スカッシュに興味はあるけど、どこに行けば「コートがあるの?」、そこには「教えてくれる人はいるの?」といった各種情報については、日本スカッシュ協会に問い合わせてみるのも一つの手段。まずは問い合わせてみてはいかがですか?

日本スカッシュ協会
☎ 03-5256-0024
www.squash-japan.org

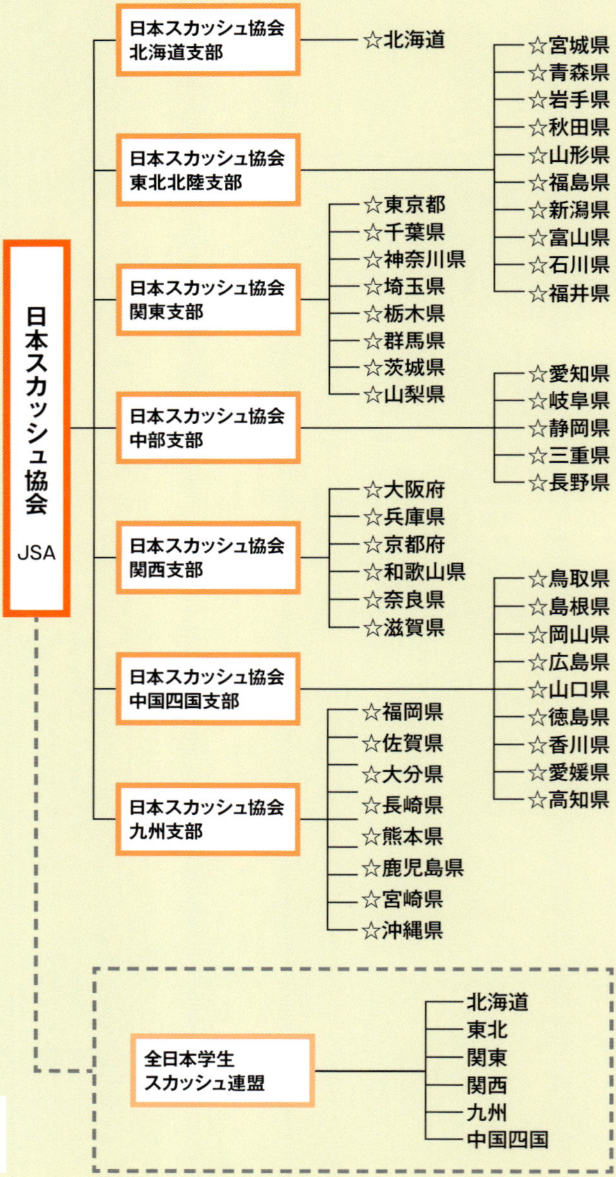

□—地区支部—7地区
☆—県支部——47県

第5章

コンディショニングゲーム

コンディショニングゲームは、コートの中に2人から数人が入って行うラリー形式の練習です。コートをセパレートして、打てる場所を限定してゲームを行うことで、ショットの精度を高めることができます。また同時にショットの使い方を学べる効果的な練習とも言えます。

コンディショニングゲーム①
コートの左右半分を使って(1/2ラリー)

これはコートの左右半分の1/2を使ったコンディショニングゲームです。サービスからスタートしたら、その後は限られたスペース内でのラリー戦となります。

縦の1/2しか使わないので必然的にスカッシュで基本となるストレートボールを重視した練習となります。ストレートドライブに加えて、ボレー、ドロップを織り交ぜながら壁際にコントロールすることを考えましょう。大切なのは、強弱をつけたショットで、相手を前後に動かし、自分は有利なTのポジションを取ることです。

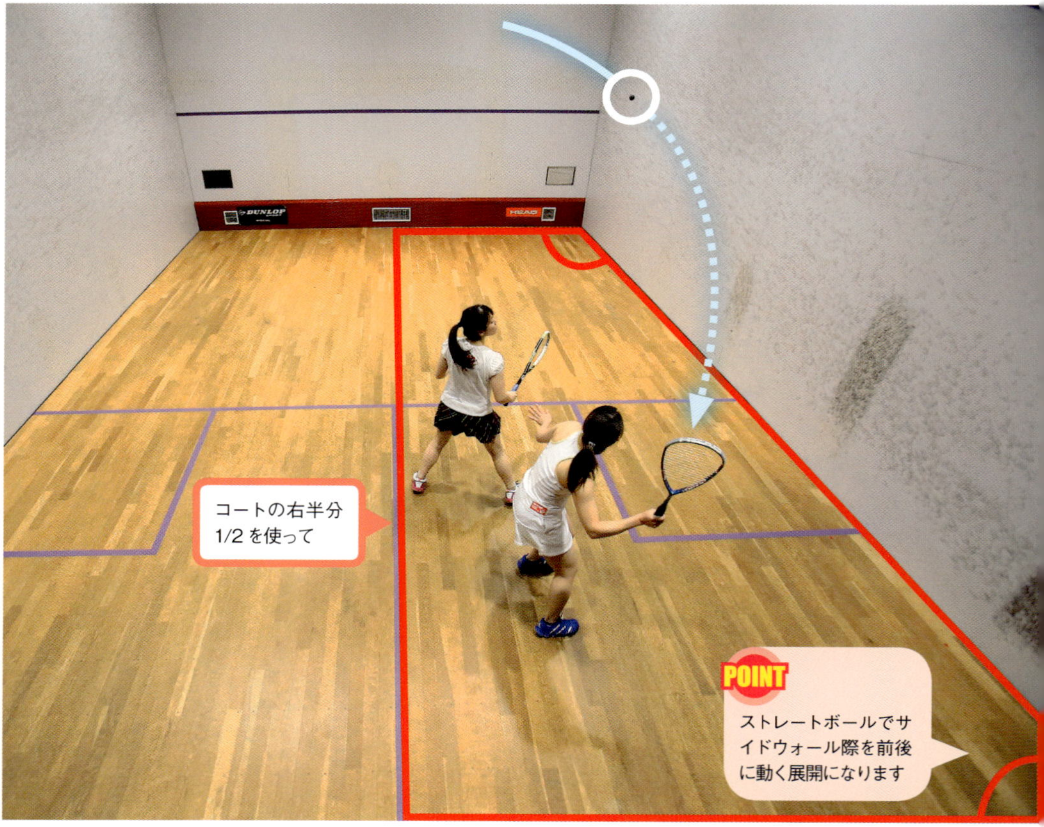
コートの右半分
1/2を使って
POINT
ストレートボールでサイドウォール際を前後に動く展開になります

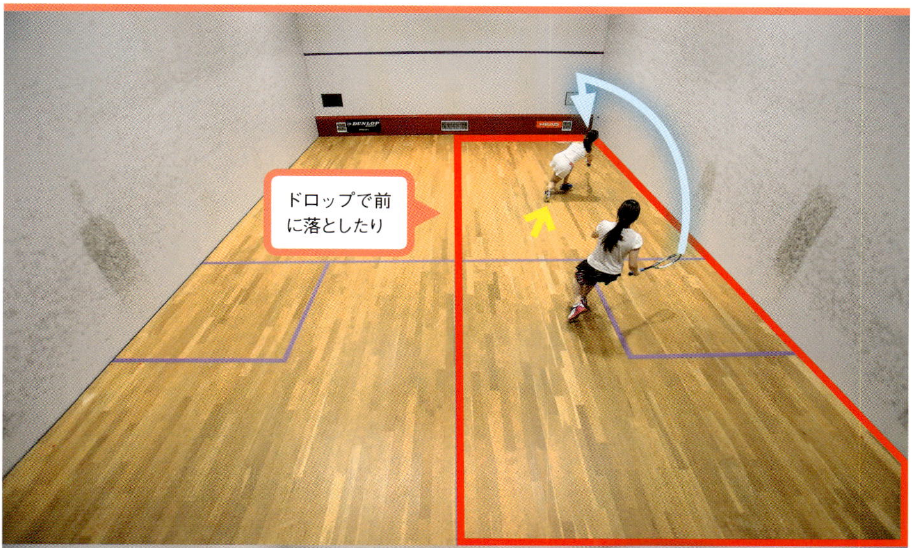
ドロップで前
に落としたり

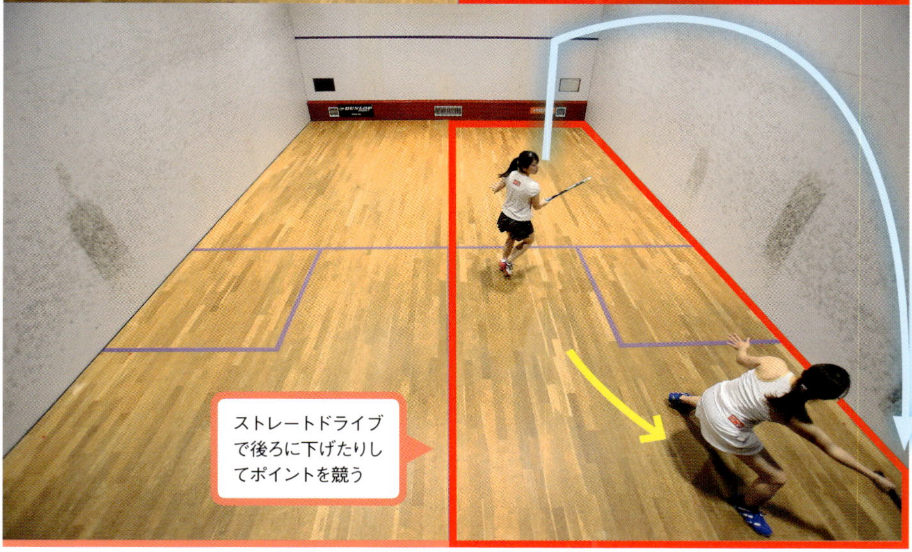
ストレートドライブ
で後ろに下げたりし
てポイントを競う

バックハンド中心の組み立てになる逆サイドも必ず行いましょう

コンディショニングゲーム②
フロントコートだけを使って（1/2ラリー）

これはフロントコートだけを使って行うラリー戦です。フロントコート以外は「アウト」の設定なので必然的に短いボールの応酬となり、壁までの距離が近いので俊敏な動きも必要です。

ここで主に使うショットは、ドロップ、短いストレート、クロス、ボーストです。短いボールを追って前に動くときは、腰を落として、膝を曲げる必要があります。また、打ったら、すぐにTまで戻る動きも大切です。これらのフットワークをこの練習で身につけることができます。

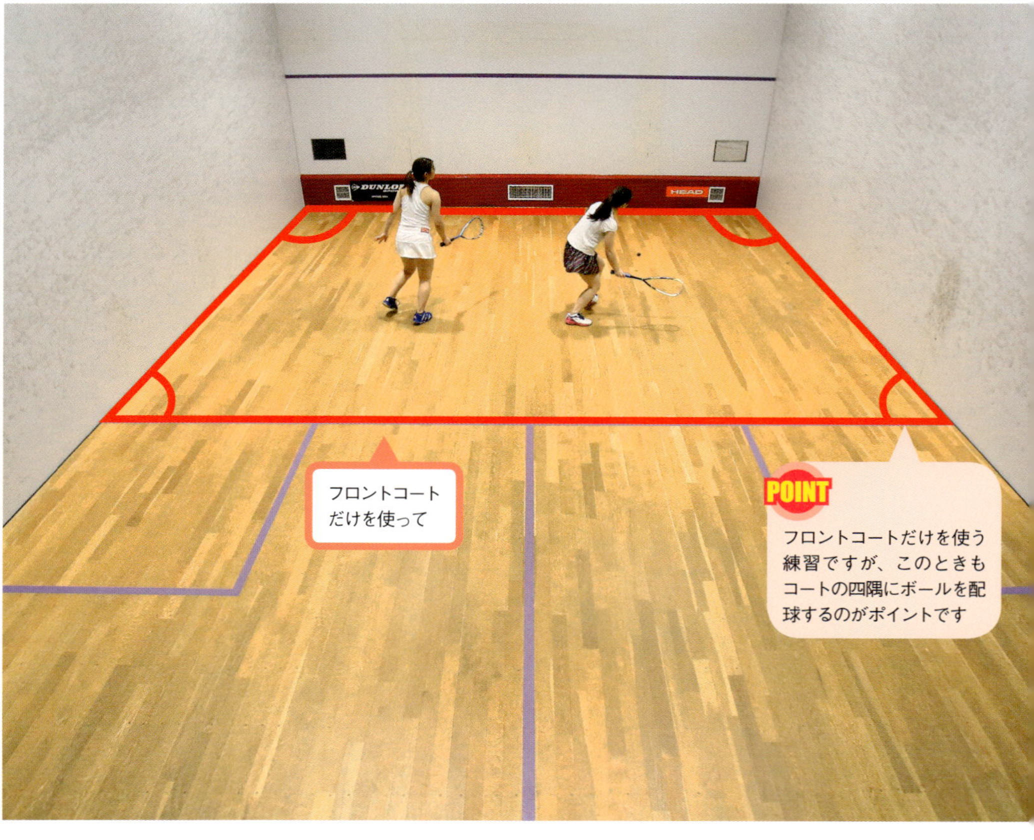
フロントコート
だけを使って
POINT
フロントコートだけを使う練習ですが、このときもコートの四隅にボールを配球するのがポイントです
HEAD

郵便はがき

お手数でも
郵便切手
をお貼り
ください

104-8233

東京都中央区京橋3−7−5
京橋スクエア11F

実業之日本社

「愛読者係」行

ご住所　〒	
お名前	
メールアドレス	

ご記入いただきました個人情報は、所定の目的以外に使用することはありません。

お手数ですが、ご意見をお聞かせください。

この本のタイトル

お住まいの都道府県

お求めの書店

男・女

歳

ご職業　会社員　会社役員　自家営業　公務員　農林漁業
医師　教員　マスコミ　主婦　自由業（　　　　）
アルバイト　学生　その他（　　　　）

本書の出版をどこでお知りになりましたか？

①新聞広告（新聞名　　　　）②書店で　③書評で　④人にすすめられて　⑤小社の出版物　⑥小社ホームページ　⑦小社以外のホームページ

読みたい筆者名やテーマ、最近読んでおもしろかった本をお教えください。

本書についてのご感想、ご意見（内容・装丁などどんなことでも結構です）をお書きください。

どうもありがとうございました

実業之日本社のプライバシー・ポリシー（個人情報の取扱い）は、
以下のサイトをご覧ください。http://www.j-n.co.jp/

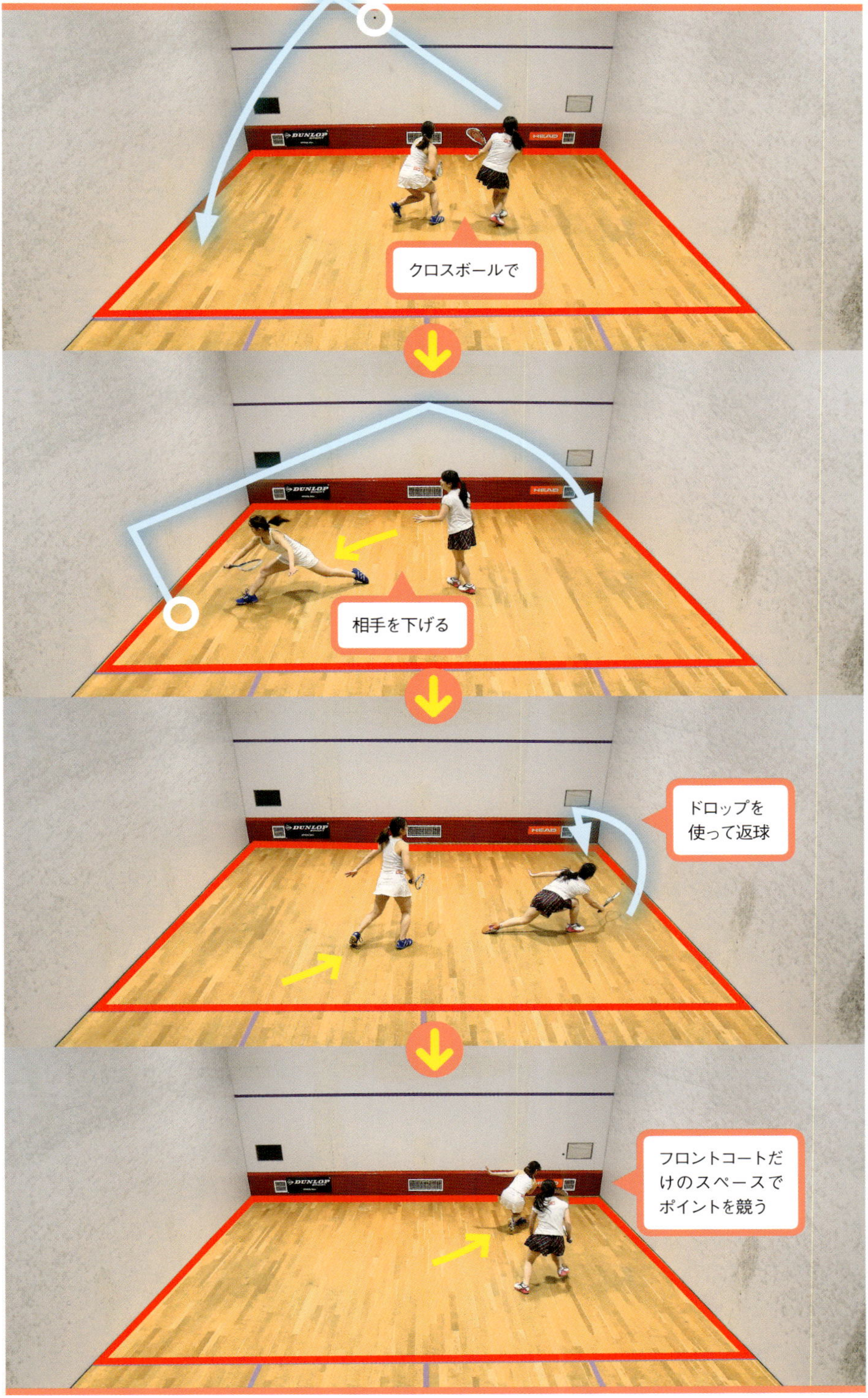
クロスボールで
相手を下げる
ドロップを使って返球
フロントコートだけのスペースでポイントを競う

コンディショニングゲーム③ コートの3/4を使って（3/4ラリー）

これはコートの3/4を使って行うラリー戦です。打つスペースが広いのでより実戦的な練習となります。3/4では、ストレート、クロス、ボースト、ドロップ、ロブとすべてのショットを使うことになります。さらに打てるエリアは3/4なので、深く打つときにはコントロールも必要です。

ここでも大切なのはいかにTを確保するかということ。打つ方は、相手を動かしてTへ戻り、待つ方は、相手のショットを早めに予想し、効果的なショットを打ってTを奪うことを意識しながら行いましょう。

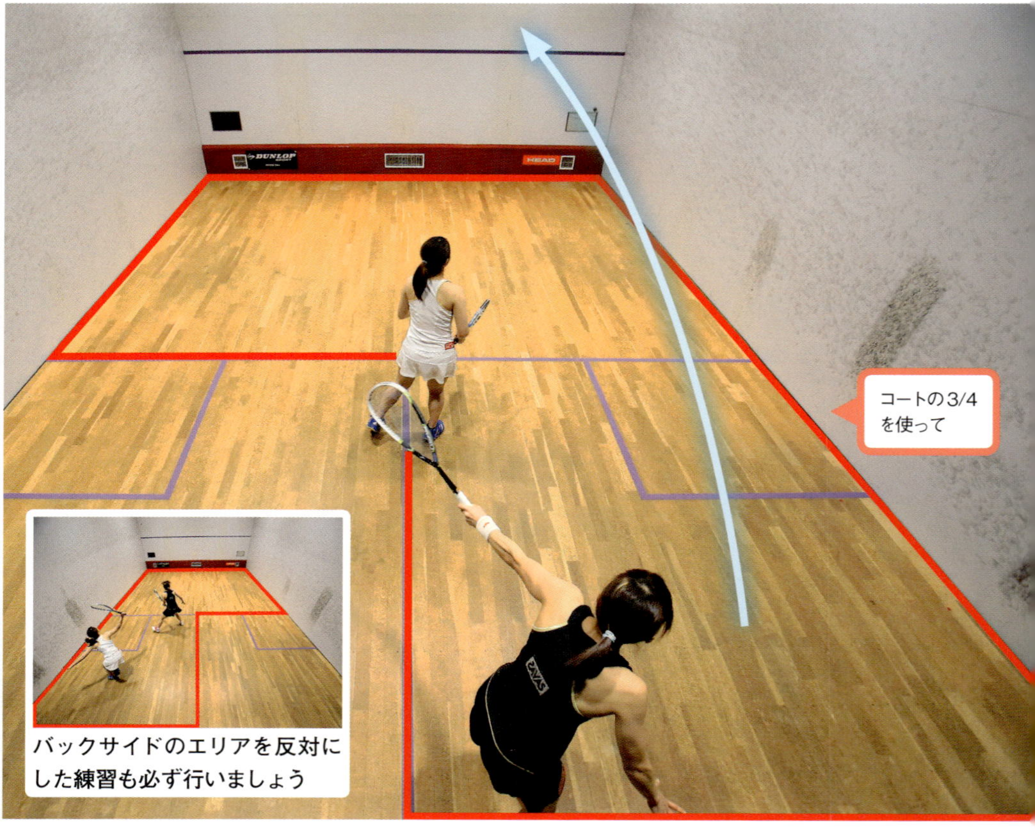

バックサイドのエリアを反対にした練習も必ず行いましょう

ストレートドライブで相手を下げて

甘い返球には

クロス（ドロップ）を使って

有利なポジションを確保しながらポイントを競う

コンディショニングゲーム④
フロントコート＋サービスボックスを使って

これはフロントコートだけを使う練習にサービスボックスを加えたものです。打ってもよいエリアが広がるので、ショットの選択肢が一気に増えます。フロントコートだけを「初級編」とすれば、これは「中・上級編」の練習と言えます。

ポイントはサービスボックスのエリアを有効に使うことです。ショートストレート、ショートクロス、ドロップを中心に短いボールを配球しつつ、相手の体勢やポジションを見ながら、サービスボックスに打つショットをつねに考えましょう。

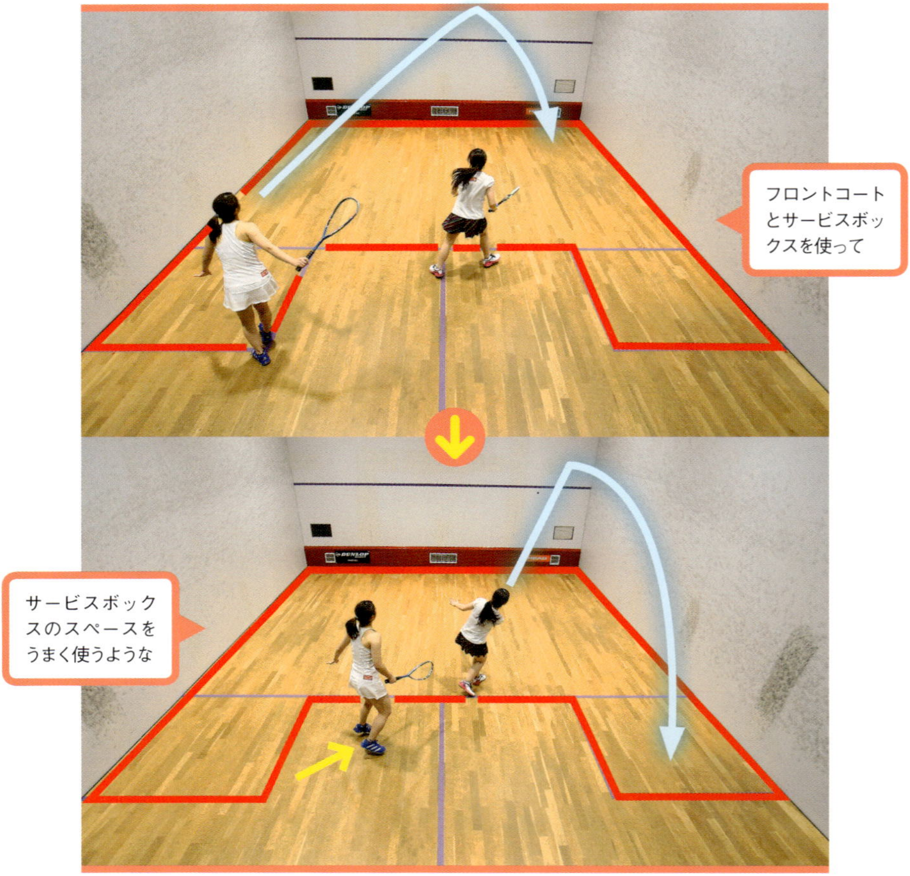
フロントコートとサービスボックスを使って
サービスボックスのスペースをうまく使うような

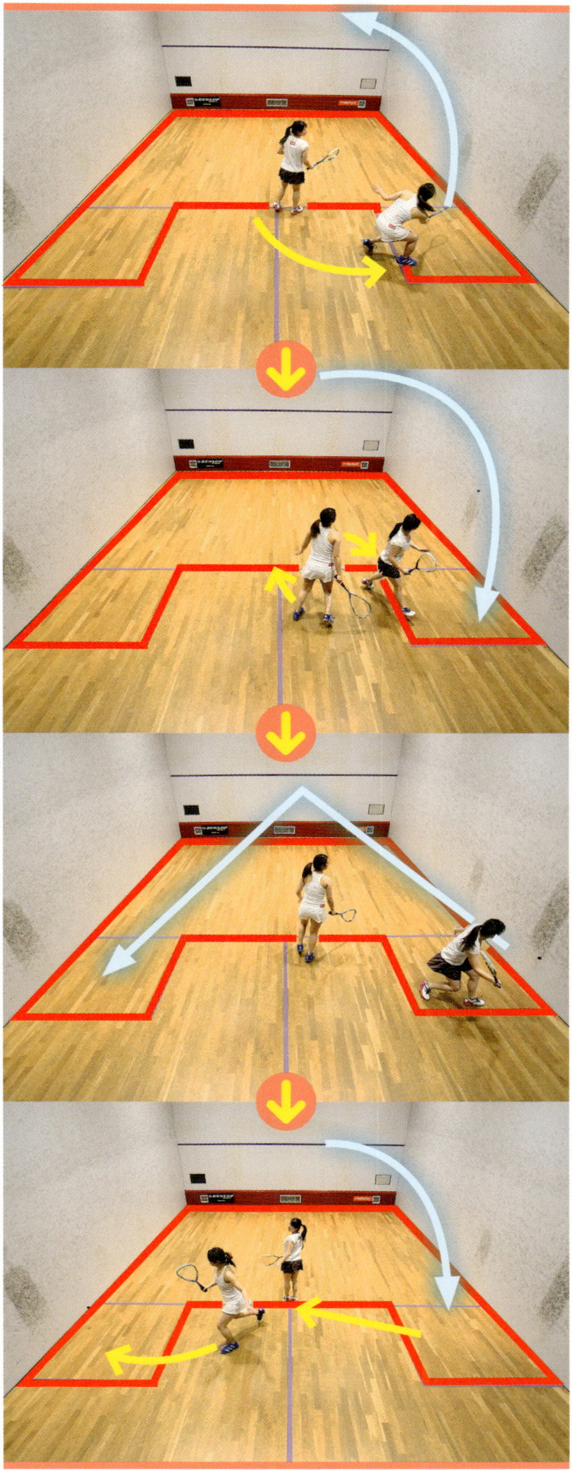
配球を考えながら
Tを確保
相手の動きや次のショットを読み合いながら
ポイントを競う

コンディショニングゲーム⑤ コートの左右 1/4 を使って（1/4 ラリー）

これはコートの左右半分 1/4 を使って行う練習です。1/2 を使う練習を「初級編」とすれば、さらに狭いスペースを使うこの練習は「中級へ」と言えます。

打つエリアは狭くなりますが、逆に、相手が打ってくるショットの予測も立てやすいので、頭の中で相手の返球をイメージしながら、自分はなるべく動かずに、相手を動かす展開に持ち込むことをつねに考えましょう。ここでも基本となるショットは、サイドウォール際にコントロールしたストレートドライブです。

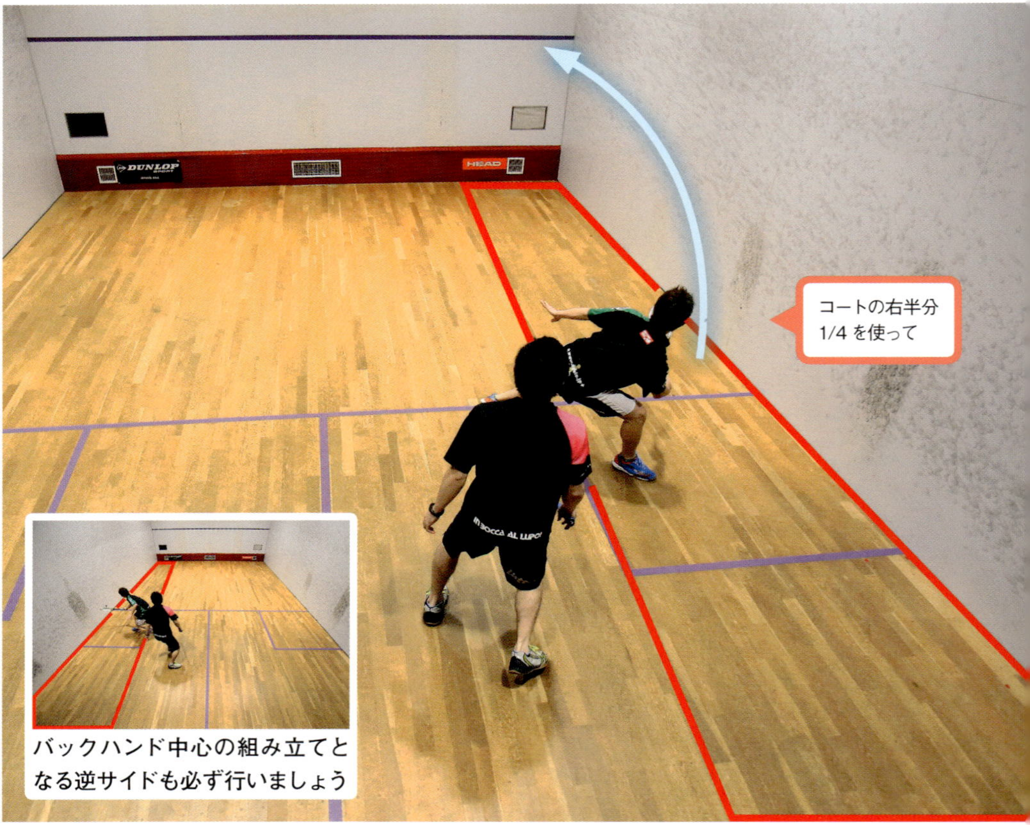

バックハンド中心の組み立てとなる逆サイドも必ず行いましょう

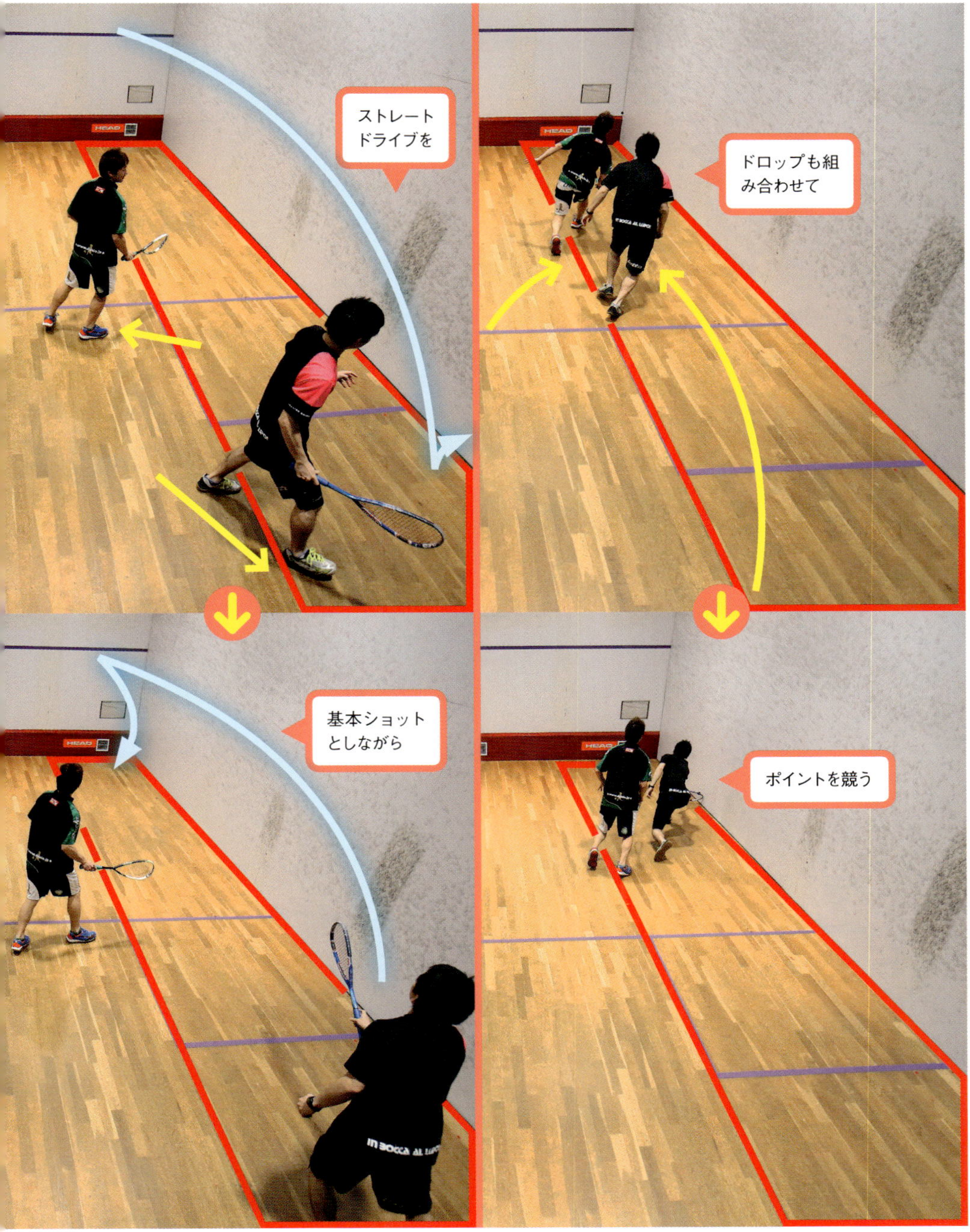
ストレート
ドライブを
基本ショット
としながら
ドロップも組
み合わせて
ポイントを競う

コンディショニングゲーム⑥ コートの 1/8 を使って(1/8 ラリー)

これはコートの 1/8 を使って行う練習です。バックコートの 1/4 だけが打てるエリアとなるので、必然的に長いボールのコントロールが要求されることになり、上級者向けの練習と言えます。基本となるショットは、フロントウォールの上部を狙ってバックコーナーに届くストレートボールです。サイドウォール際の返球だけでなく、バックウォール際に来たボールを返球するテクニックをこの練習で繰り返すことができます。また、オフェンス側は空中のボールをボレーでカットする攻撃もつねに考えましょう。

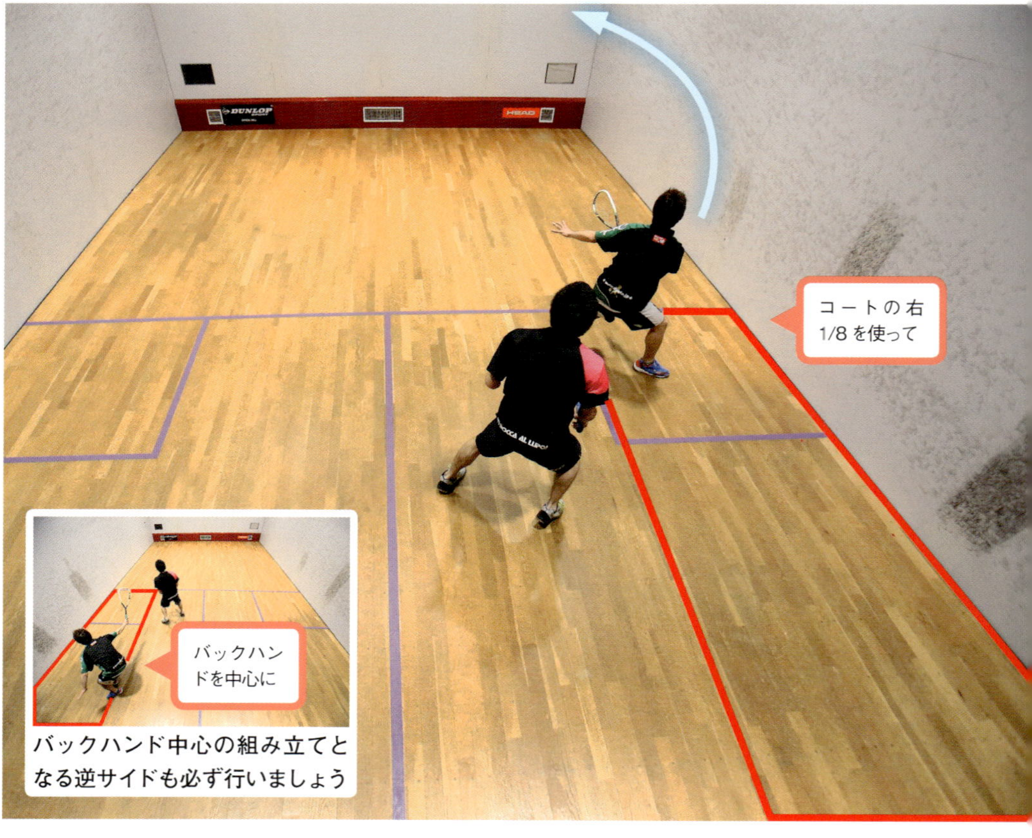
コートの右
1/8 を使って
バックハン
ドを中心に

バックハンド中心の組み立てとなる逆サイドも必ず行いましょう

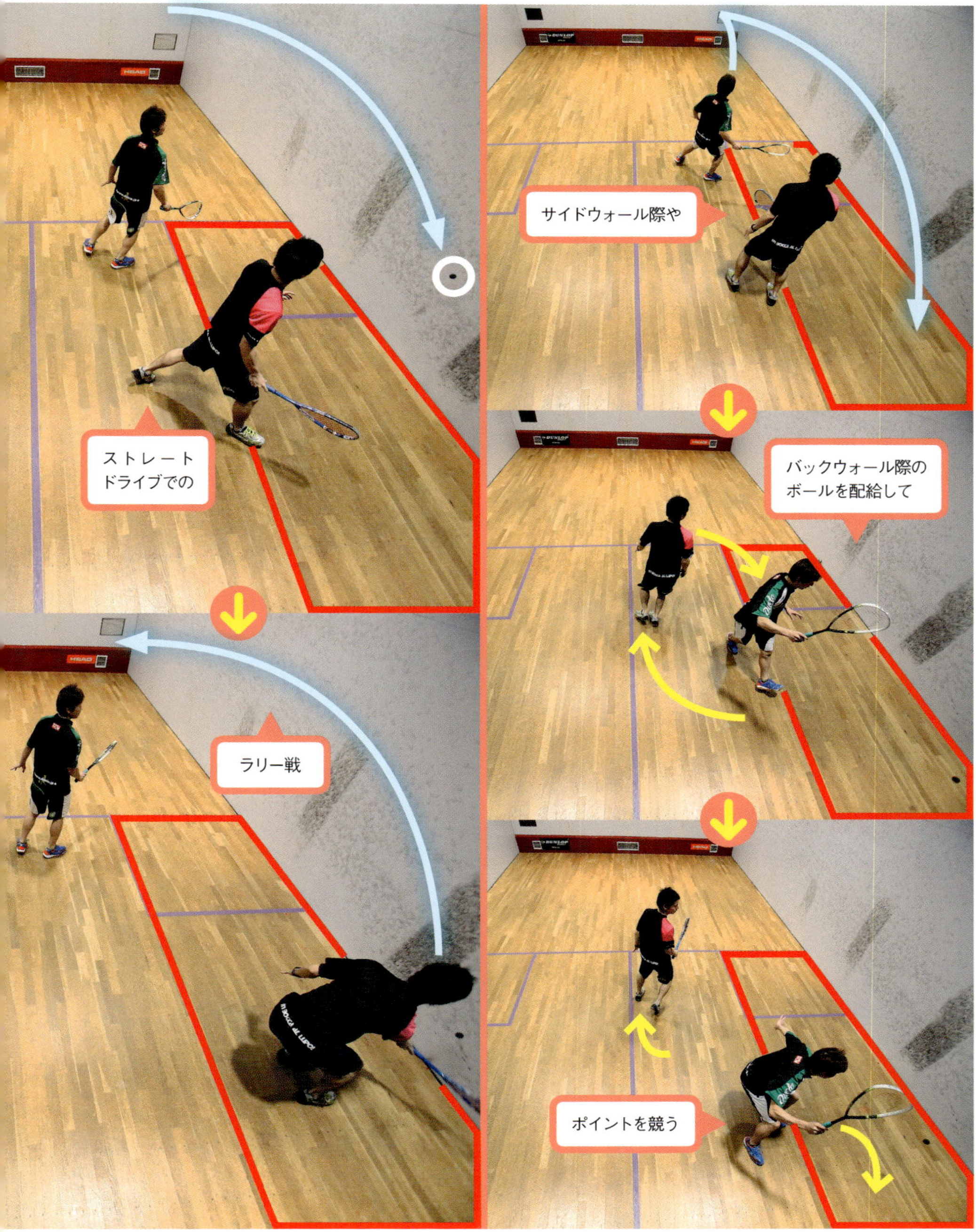
ストレート
ドライブでの
ラリー戦
サイドウォール際や
バックウォール際の
ボールを配給して
ポイントを競う

コンディショニングゲーム⑦ コートの3/8を使って（3/8ラリー）

これはコートの3/8を使って行うラリー戦です。打つスペースが3/4よりも狭くなるので、より正確なコントロール性を求められます。

基本のラリーはストレートの応酬となりますが、そこから展開するのがクロスやボーストといったボールを斜めに使うショットです。ただし、そのショットが甘くなってしまうと、逆に自分が大きく走らされることになってしまいます。3/8を使うと対角に動かなくてはいけない場面が出現するので運動強度は高くなります。斜めに展開するショットは、壁際に小さく落とすようにコントロールすることが大切です。

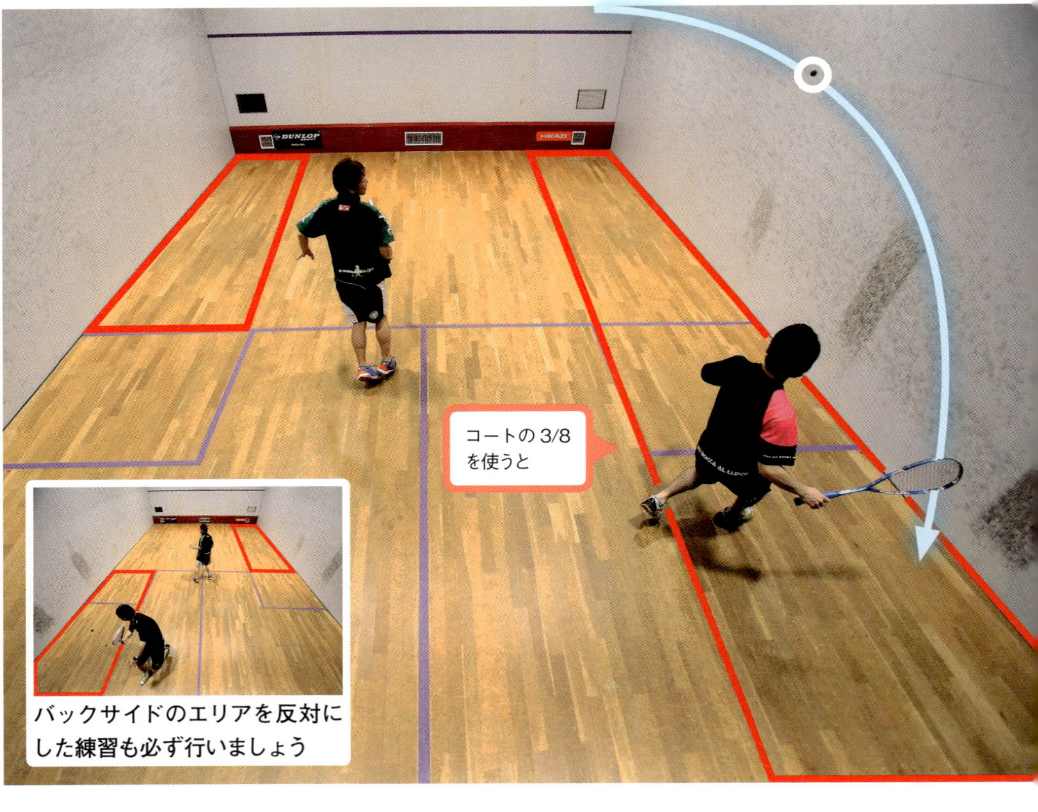
コートの3/8
を使うと
バックサイドのエリアを反対に
した練習も必ず行いましょう

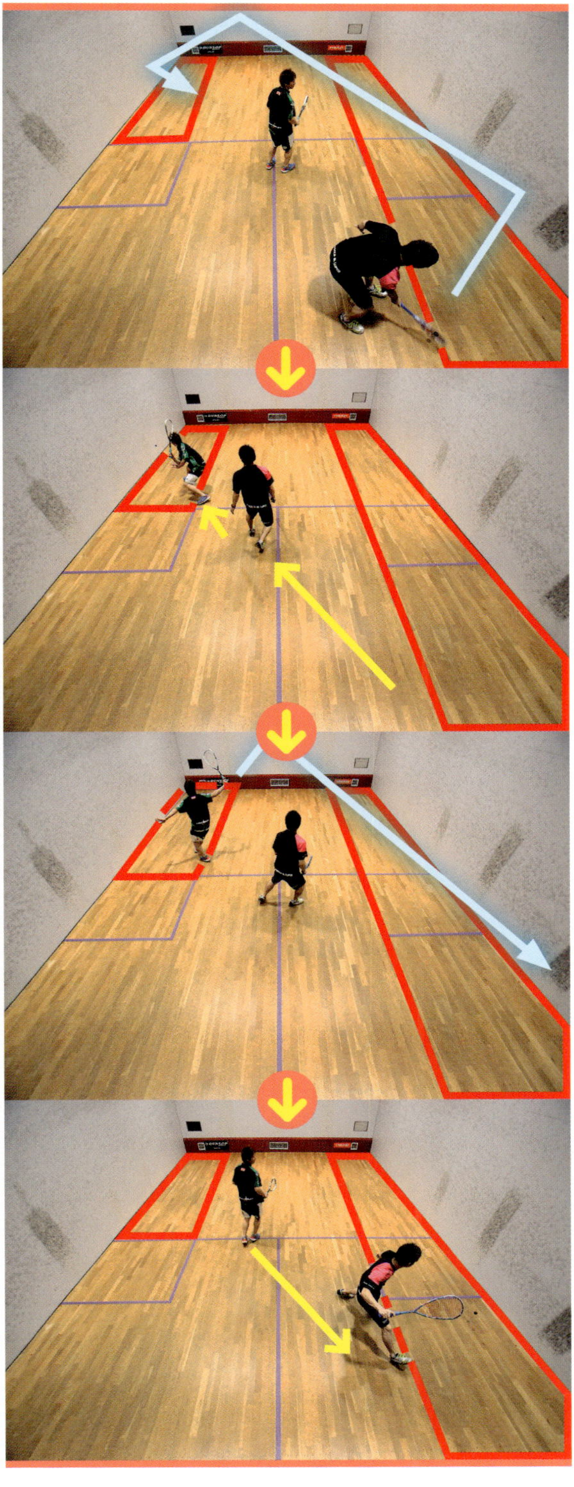

左前に打つスペースがあるので

ボーストを使った展開が出現

クロスボールで相手を下げたりしながら

ポイントを競う

コンディショニングゲーム⑧
コートの左右 1/4 を使って（1/4+1/4 ラリー）

これは3人がコートに入り、コートの左右1/4を「打って良いエリア」、コートの中央部を「アウトのエリア」として行う練習です。スカッシュは基本的にコートの中央部に打つのはNGという競技。左右 1/4 で行うこのラリー戦が長く続くようになれば、スカッシュのすべてのショットをマスターしている証です。ポイントは、短く落とすボールと深いボールをうまく使い分けること。選手は、ストレートドライブ、ショートストレート、クロスドライブ、ショートクロスなどを使い分けながら相手に攻められない配球を考えましょう。打つショットのオプションが増えると、次のショットのオプションもかけ算で増えていきます。慣れてきたらボーストを使ったパターンにも挑戦しましょう。

3人がコートに入りコートの左右 1/4 を使って

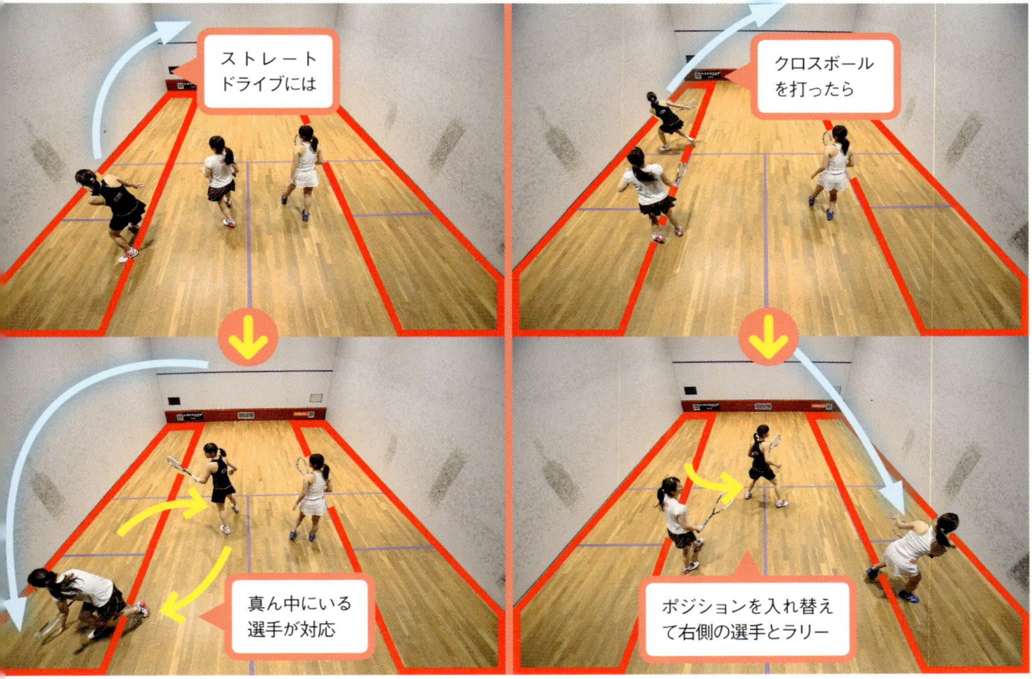
ストレート
ドライブには
クロスボール
を打ったら
真ん中にいる
選手が対応
ポジションを入れ替え
て右側の選手とラリー

ボーストを入れたパターン

ボーストを使っても構わないという設定にすると　さらに複雑な配球が求められるようになり戦術観が磨かれる

コンディショニングゲーム⑨

コートの左右 1/4 を使って（ストレート＋クロス【前】ストレート＋ボースト＋ドロップ【待ち】パターン）

これも前ページと同じくコートの左右 1/4 を使っての練習ですが、打つショットとコースに制限をつけることでパターン練習の意味合いが大きくなります。

Tに立つ選手が前に攻められたときに打てるのは「ストレート＋クロス」のみ。後ろで待つ2人の選手は「ストレート+ボースト＋ドロップ」のみという約束事に沿ってラリーを行います。この練習のポイントは、後ろに待つ選手が打つショットは決まっているので、前の選手はTを確保する配球をつねに考えることです。1ポイント毎にローテーションすれば、1つの練習で3つのポジションの練習となります。

3人がコートに入りコートの左右 1/4 を使って

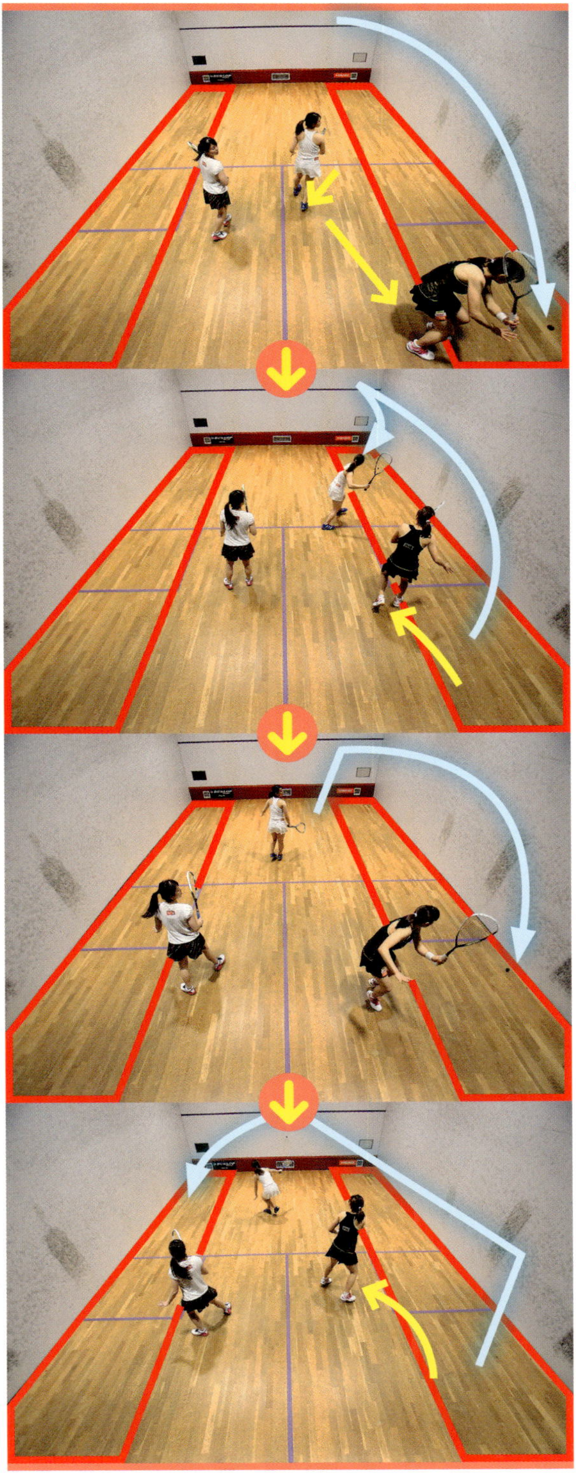

前の選手はストレート（クロス）のみ打てて

後ろの選手が打てるのは

ストレート、ボースト、ドロップという設定で

ラリーをできるだけ長く続ける

Column 4

SQ-CUBE 横浜

今回、撮影でお邪魔した「エスキューブ」は、神奈川県横浜市港北区にある日本最大級のスカッシュ専門施設で、松井千夏プロもここの契約選手です。本格的な競技コート4面を持ち、さまざまな大会も行われていて、メインコートは300名以上が観戦できる、まさにスカッシュスタジアムと言える所です。

最大の特徴は、会員制のクラブながら、ビジターにも積極的にもスカッシュを楽しんでもらえるような各種プログラム（45分間無料体験など）が組まれていることです。松井プロをはじめ、今回、撮影に協力してくれた清水孝典コーチなど、日本のトッププレイヤーたちが、経験者だけでなく、初心者にも直接レッスンを行ってくれます。こんな場所は他にありません。

同じ運動時間ならテニスの2倍の消費カロリー。短い時間でも効率よく気持ちの良い汗を流せるのがスカッシュです。体験してみると、まったくの初心者でもすぐにラリーすることができて、スカッシュの楽しさを実感できるはずです。

SQ-CUBE
（横浜スカッシュスタジアム エスキューブ）

〒223-0057
神奈川県横浜市港北区新羽町 482 番
TEL:045-306-8700

SQ-CUBE 札幌
SQ-CUBE さいたま
の情報は下記 HP をご覧ください
www.sq-cube.com

第6章

スカッシュの基本戦術

スカッシュは4面の壁を使う立体的なスポーツです。試合に勝つには、ボールが返ってきた状況で、最適の返球を瞬時に選択しなければいけません。ここでは、「攻撃パターン」と、「守備パターン」に分けて、場面ごとに考えられる基本的な戦術を学んでいきましょう。

「攻め」の戦術と「守り」の戦術

スカッシュはけっして広くないコートで、テクニックを駆使し、相手と駆け引きしながらポイントを奪い合うスポーツです。理想は、自分は動かずに相手を動かす立場に回る（攻撃）ですが、相手も同じことを考えるので、相手に動かされる（守備）のことも考えなくてはいけません。

この章では、試合中に出現する典型的な「攻撃パターン」と「守備パターン」に分けて、基本的なスカッシュの戦術を考えていくことにします。

攻撃するときに大切なことは、狙うポイントが4カ所あるときにどんな選択をするかです。自分の体勢・ポジションと、相手の体勢・ポジション、相手が打ってきたボール。それに相手の得手、不得手を瞬時に予測・判断して、最適の場所に、最適なショットを打つのが、攻撃するときの戦術の基本です。

また守備で大切なことは、自分が窮地にあるときは、一発逆転を狙うのではなく、ポジションを回復させるショットを選択することです。相手に追い込まれているときは、ショットとコースの選択肢は少なくなるのでバックコートに返すのが理想。とにかくコート中央に返さないことが守備に回ったときの基本戦術です。その上で、攻守を逆転するチャンスがあるのなら4カ所のコーナーを狙うのが上級者。ディフェンスしながらオフェンスに結びつける。「守りながら攻める」ことができるのが強い選手です。

「この有利な状況になったときに狙う場所は４カ所あります。私が考えるの『どこに？』、『どのショットで？』ということ。この章では、攻めと守りにおける基本戦術と応用戦術を学んでいきましょう」

攻撃編①
設定(ストレートラリーから相手の返球がTに甘く来たら)

ストレートラリーで、しっかりとコーナーにボールを打ちこむことができれば、相手を後方に走らせることができて、返球が甘くなるケースが生じます。相手の返球が中央(T付近)に甘く返ってきたときの攻め方を考えてみましょう。

戦術❶ クロスコートへドライブを打つ

ストレートラリーから相手のボールがT付近に来たら、しっかりとボールを引きつけて、クロスコートドライブで反対サイドに相手を走らせましょう。自分がフロントサイドで、相手がバックサイドを走り回っている状況を継続させるのが、攻めの戦術です。

相手のボールがT付近に来たら
クロスコートドライブで
相手を反対サイドの奥に走らせる

戦術❷ ボレーでクロス（ストレート）ドロップを狙う

ストレートラリーから相手のボールがT付近に来たら、ボレーを使って、クロスに短いボールを落として、いちばん距離が長い対角線に相手を走らせましょう。

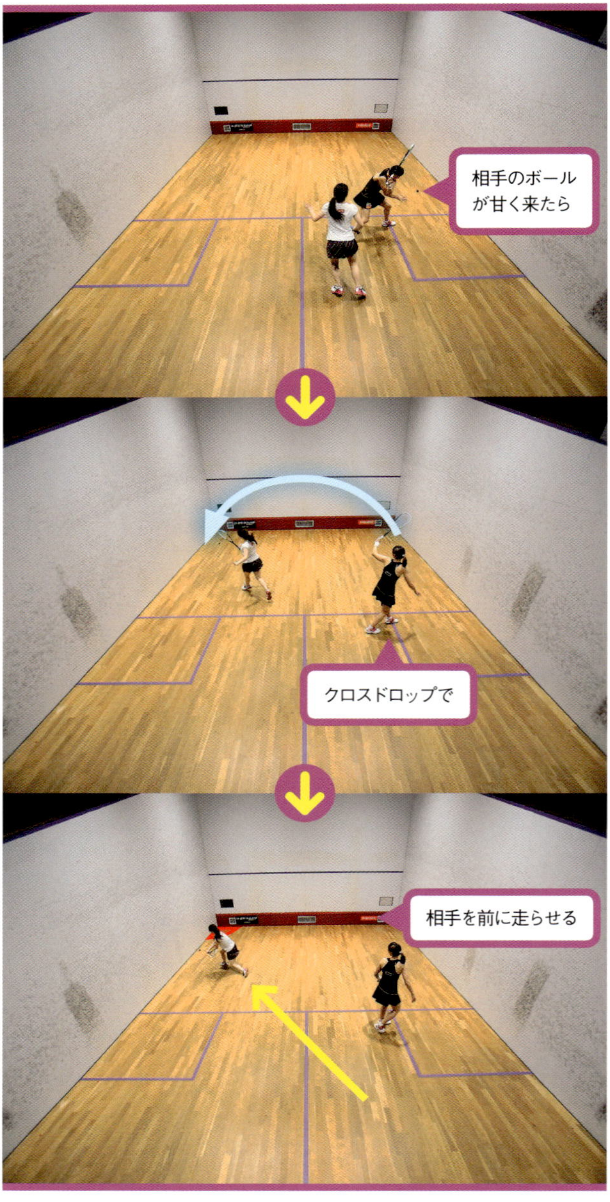
相手のボール
が甘く来たら
クロスドロップで
相手を前に走らせる

ストレートドロップ
も有効な攻め

相手がクロスを先読みしているようなら、その逆を突いてストレートに落とす選択もあります

戦術③ アタッキングボーストでウィニングショット狙い

ストレートラリーから相手のボールがT付近に来たら、相手の動きを見ながらボールをしっかりと引きつけて、アタッキングボーストで相手を走らせましょう。ボールが弾む角度を調整してニックに落とすのが理想です。

相手のボールがT付近に甘く来たら
アタッキングボーストで
ウィニングショットを狙う

攻撃編②

設定(ストレートラリーから相手の返球がクロスに甘く来たら)

ストレートラリーの展開から、相手が逆サイドを狙って仕掛けてきたボールが甘くなったケースです。この状況でセオリーとなる攻め方を考えてみましょう。

戦術① ボレードロップを使って走らせる

相手の返球がクロスに甘く来たら、左前にボールを落とすことで相手を対角線に走らせることができます。もちろん相手が先読みして、打球前に走っているようだったら右前にクロスドロップで落とす選択もあります。

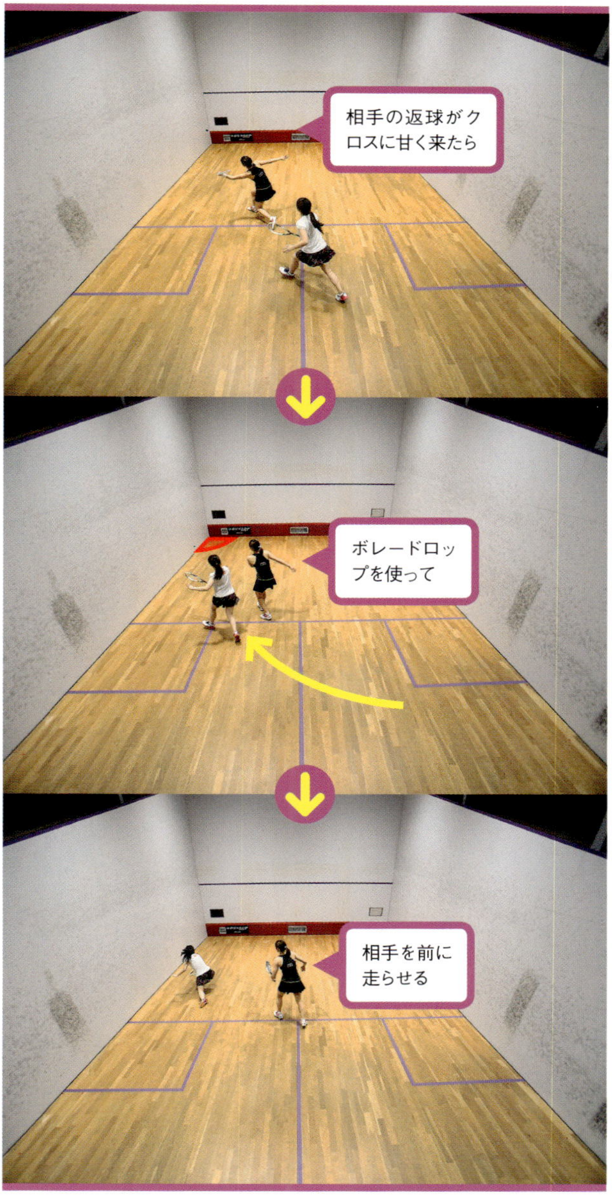
相手の返球がクロスに甘く来たら
ボレードロップを使って
相手を前に走らせる

戦術② ストレートドライブでウィニングショットを狙う

相手の返球がクロスに甘く来たら、ボールを十分に引きつけてストレートドライブを打ちます。理想はバックコーナーに相手を追いつめるようなボールです。

相手の返球がクロスに甘く来たら
ストレートドライブで
ウィニングショットを狙う

戦術③ アタッキングボーストでウィニングショットを狙う

相手の返球がクロスに甘く来たら、ボールを十分に引きつけてアタッキングボーストで右前に落ちるボールを打ちます。ストレートドライブと組み合わせることで、左サイドを守ろうとする相手の逆を突くことができます。

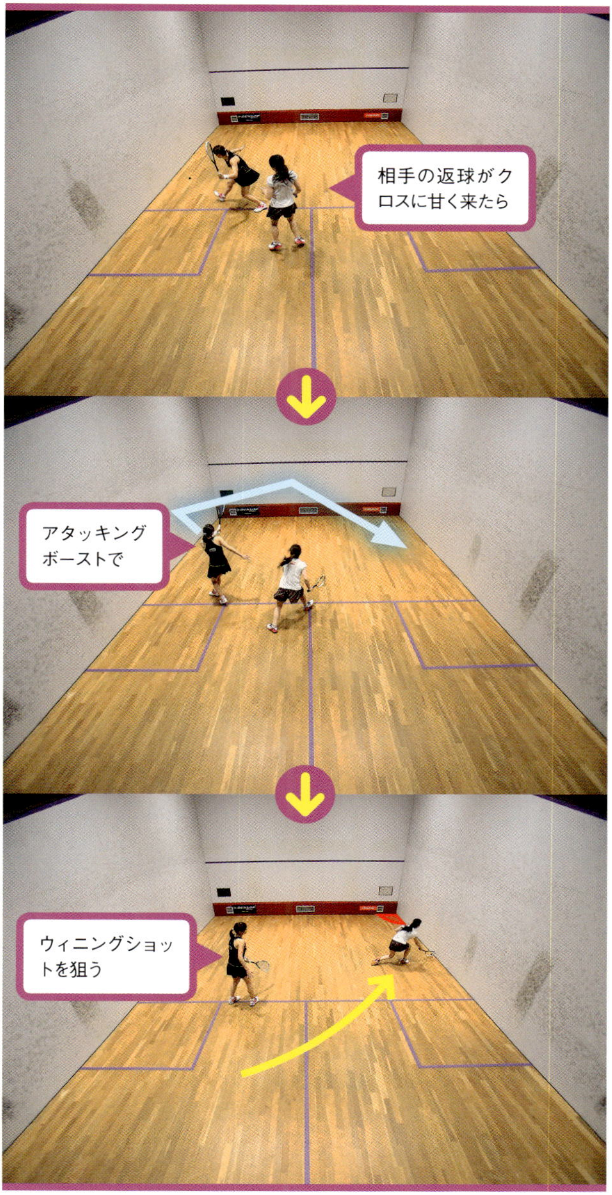
相手の返球がクロスに甘く来たら
アタッキングボーストで
ウィニングショットを狙う

攻撃編③

設定（バックコーナーに追いつめた相手がボーストで返球してきたら）

ラリー戦で相手をバックコーナーに追いつめた状況です。相手が「もうボーストでしか返せない」という展開になって、甘い返球が返ってきたときに、どんな攻撃があるか考えてみましょう。

戦術① ドロップを使って走らせる

相手が「もうボーストでしか返せない」という展開になったら、ボールの軌道を見ながら左前に短く落とすことで、一番距離が長い対角線に相手を走らせることができます。

相手のボーストが
甘く返ってきたら
ドロップを使って
相手を前に
走らせる

戦術② ストレートドライブを使って有利な状況を維持する

相手が「もうボーストでしか返せない」という展開になったら、ボールを十分に引きつけて打つストレートドライブも有効です。自分が前にいて、相手をバックコートに釘付けにして有利な状態を継続させることを目的とする戦術です。

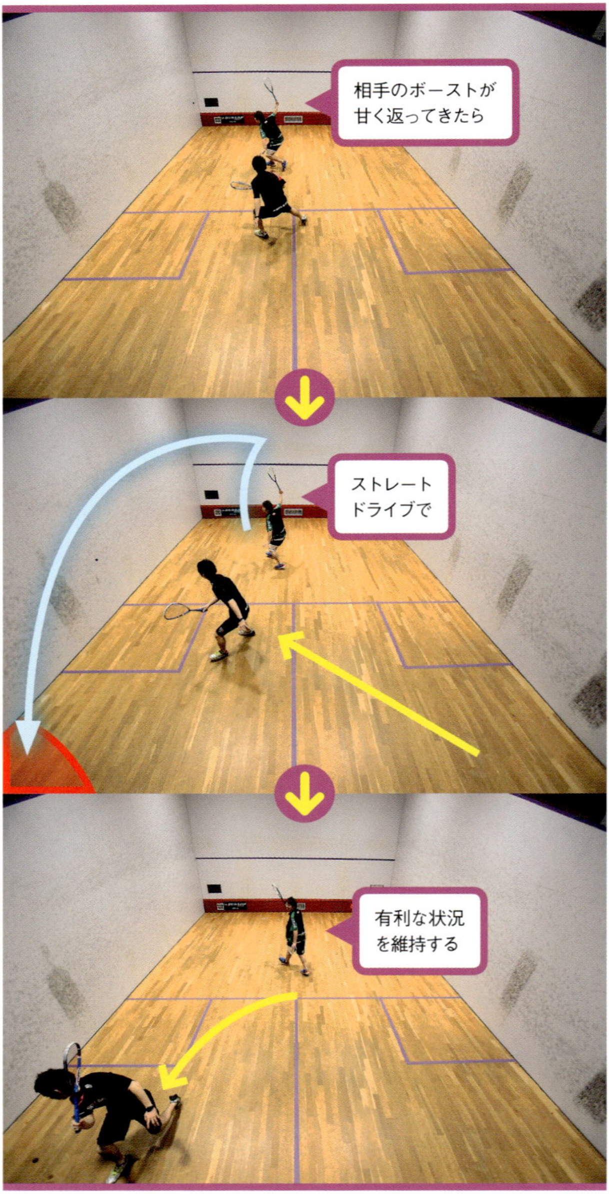
相手のボーストが
甘く返ってきたら
ストレート
ドライブで
有利な状況
を維持する

戦術③ アタッキングボーストで意表を突く

相手が「もうボーストでしか返せない」という展開になったら、ドロップやストレートドロップと見せかけてボーストで攻めます。十分にボールを引きつけて打たないと、相手が打ったポジションに残ったままになるので意表を突くことができません。注意しましょう。

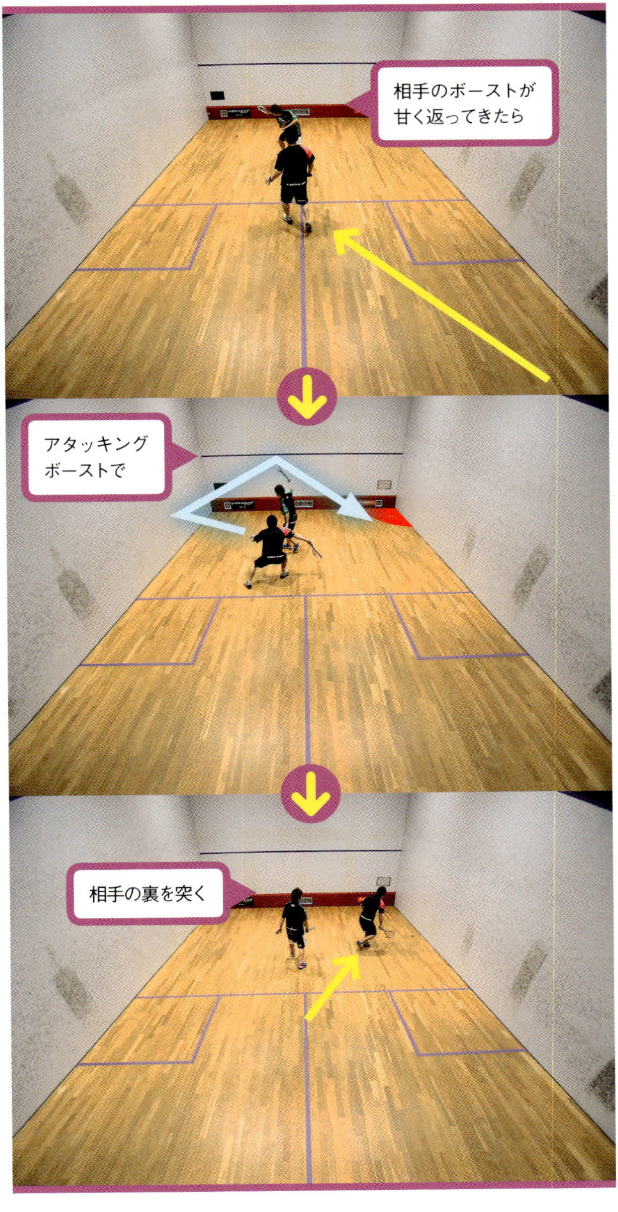
相手のボーストが
甘く返ってきたら
アタッキング
ボーストで
相手の裏を突く

攻撃編④

設定（バックコーナーに追いつめた相手がドロップで返球してきたら）

これもラリー戦で相手をバックコーナーに追いつめた状況です。フロントコートにしか返球できない相手が甘いドロップを返球してきたときに、どんな攻撃があるか考えてみましょう。

戦術❶ クロスコートロブで相手を下げる

バックコーナーに追いつめた相手が苦し紛れに打ってきたドロップが甘くなったら、スピードのある低い弾道でクロスボールでウィニングショットを狙います。相手のドロップが厳しいところに落ちたらクロスコートロブを上げて体勢をいったん立て直しましょう。

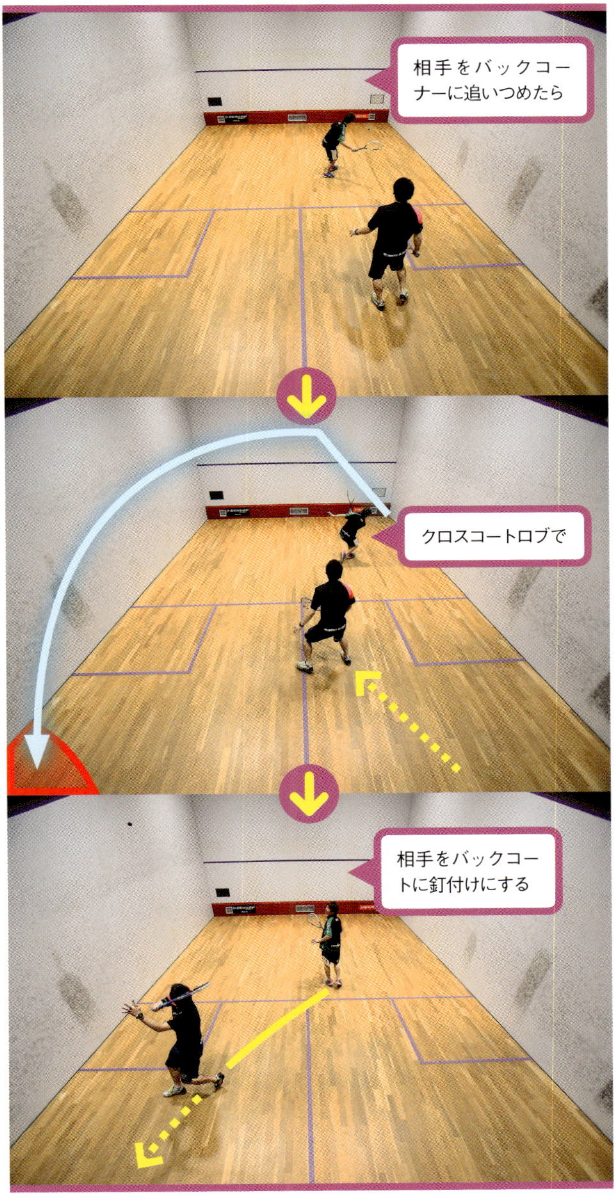
相手をバックコーナーに追いつめたら
クロスコートロブで
相手をバックコートに釘付けにする

戦術② クロス(ストレート)ドロップを使って走らせる

バックコーナーに追いつめた相手が苦し紛れにドロップを打ってきたら、クロスドロップで一番距離が長い対角線に走らせます。相手が先読みして斜めに動くようだったら、ストレートドロップで相手の動きの逆を突く選択も有効です。

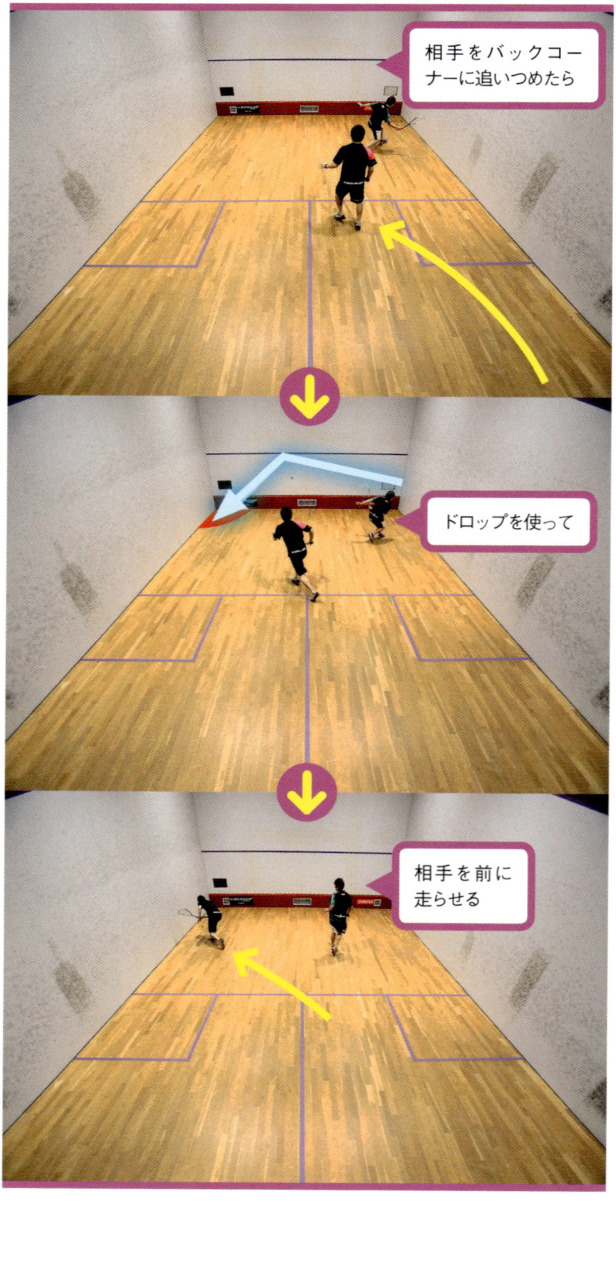
相手をバックコーナーに追いつめたら
ドロップを使って
相手を前に走らせる

戦術③ アタッキングボーストでウィニングショットを狙う

バックコーナーに追いつめた相手が苦し紛れにドロップを打ってきたら、相手の動きを見てボールを十分に引きつけて、クロスロブを打つように見せかけながらアタッキングボーストでウィンニングショットを狙います。

相手をバックコーナーに追いつめたら
アタッキングボーストで
ウィニングショットを狙う

攻撃編⑤
設定（前に走らせた相手のクロス返球が甘かったら）

ラリー戦の中から前に走らせた相手はクロスにしか返球できない体勢です。 甘く返ってきたクロスボールに対し、 どんな攻撃があるのか考えてみましょう。

戦術① ストレートドライブ(ボレー)でウィニングショットを狙う

　前に走らせた相手のクロス返球が甘かったら、ストレートドライブでバックコーナーを狙います。相手は一番距離が長い対角線上を走らなければならないので、効果的なボールが打てればウィニングショットとなります。ボレーで対応することができれば相手を早く動かすことができるのでさらに厳しい攻撃となります。

相手のクロス返球が甘かったら
ストレートドライブで
ウィニングショットを狙う

戦術❷ ストレートドロップ(ボレー)で相手の逆をつく

前に走らせた相手のクロス返球が甘かったら、ドロップで右前に落として相手の逆を取ります。この状況ではストレートドライブが基本ショットなので、ストレートドライブと組み合わせることで攻撃の幅を広げることができます。

相手のクロス返球が甘かったら
ドロップ(ボレー)で
相手の裏を突く

戦術③ クロスロブ(ボレー)で相手をバックコートに下げる

前に走らせた相手のクロス返球が甘かったら、クロスロブを使って相手をバックコートに下げます。角に落とすことができれば相手はバックハンドの対応となるので処理が難しくなります。

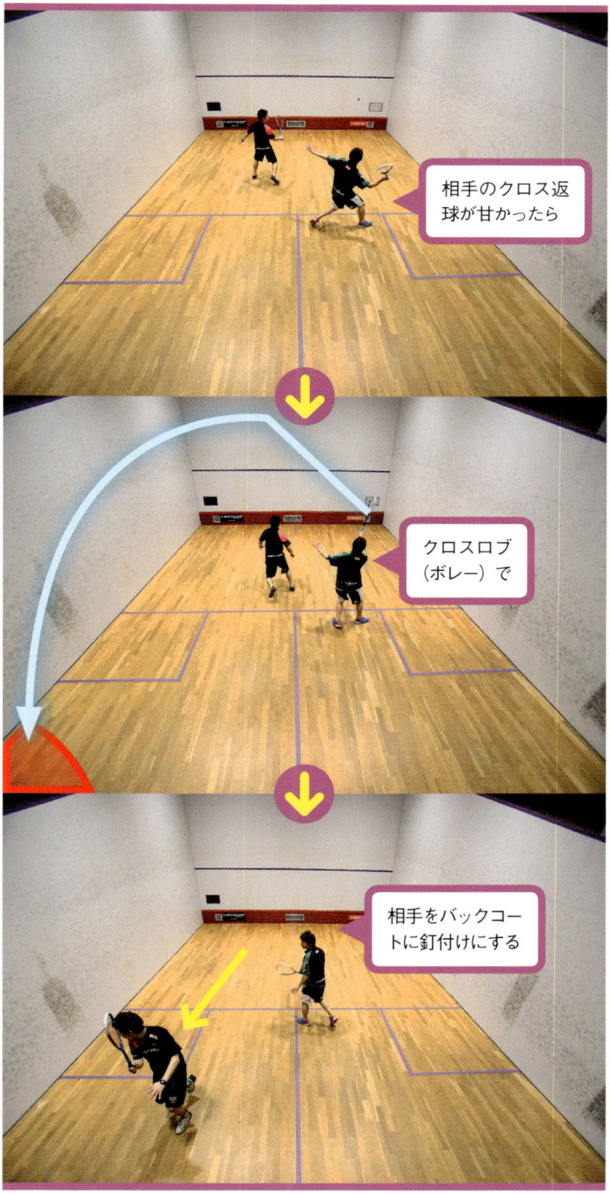
相手のクロス返球が甘かったら
クロスロブ（ボレー）で
相手をバックコートに釘付けにする

守備編①
設定（相手に前に攻められたら）

相手にドロップやボーストでフロントコートに走らされたときの守り方を考えてみましょう。前に走るということは相手に対応を見られているということです。効果的なボールを使って、逆襲したり、Tを取り戻すのが目標です。

戦術① ロビングを使ってTを取り戻す

ドロップやボーストで相手に前に攻められときに基本となる対応策はロビングです。相手にボレーでカットされないように高さのある深いボールを打って、Tに戻る時間を稼ぐことを考えましょう。ロブは相手のポジションを見ながらストレートとクロスを打ち分けるのが理想です。

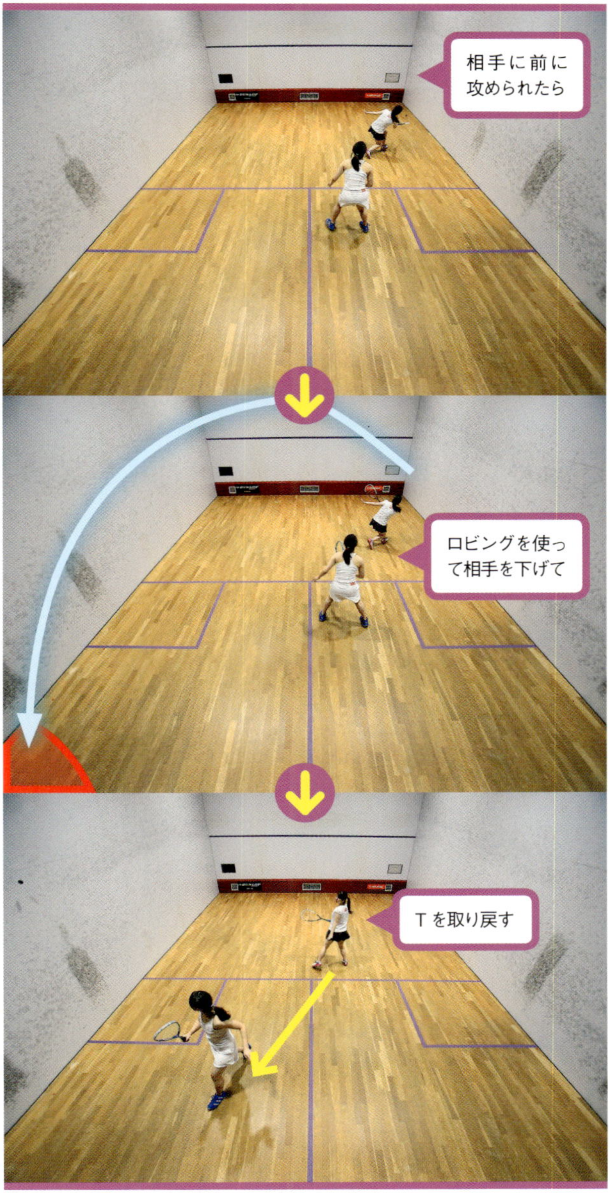

相手に前に
攻められたら
ロビングを使っ
て相手を下げて
Tを取り戻す

戦術② ドロップを使って相手を走らせる

ドロップやボーストで相手に前に攻められてロブを上げる余裕がないときは、ドロップを使って相手をフロントコートに走らせましょう。少しでも甘くなってしまうと相手のチャンスボールになってしまうので、2バウンド目が壁際に落ちるようなショットにすることが大切です。

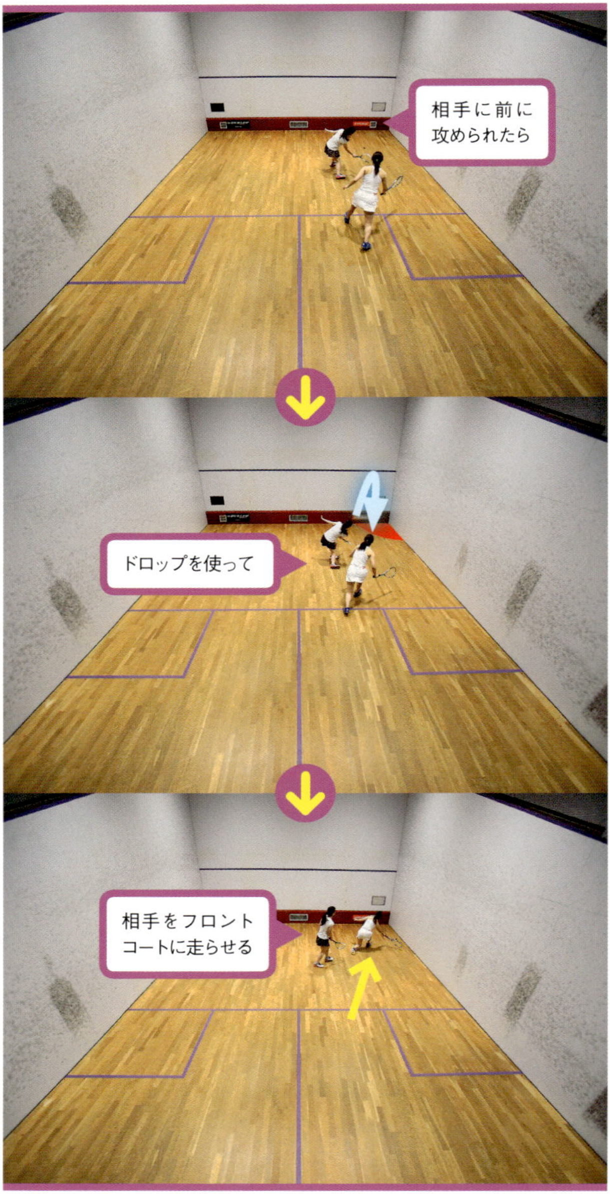
相手に前に攻められたら
ドロップを使って
相手をフロントコートに走らせる

戦術③ ショートボーストで対応

相手のドロップやボーストが甘いコースに来たら逆襲のチャンス。相手の位置を確認した上で、ロブやドロップを打つように見せかけながら、ショートボーストを打ってウィングショットを狙いましょう。

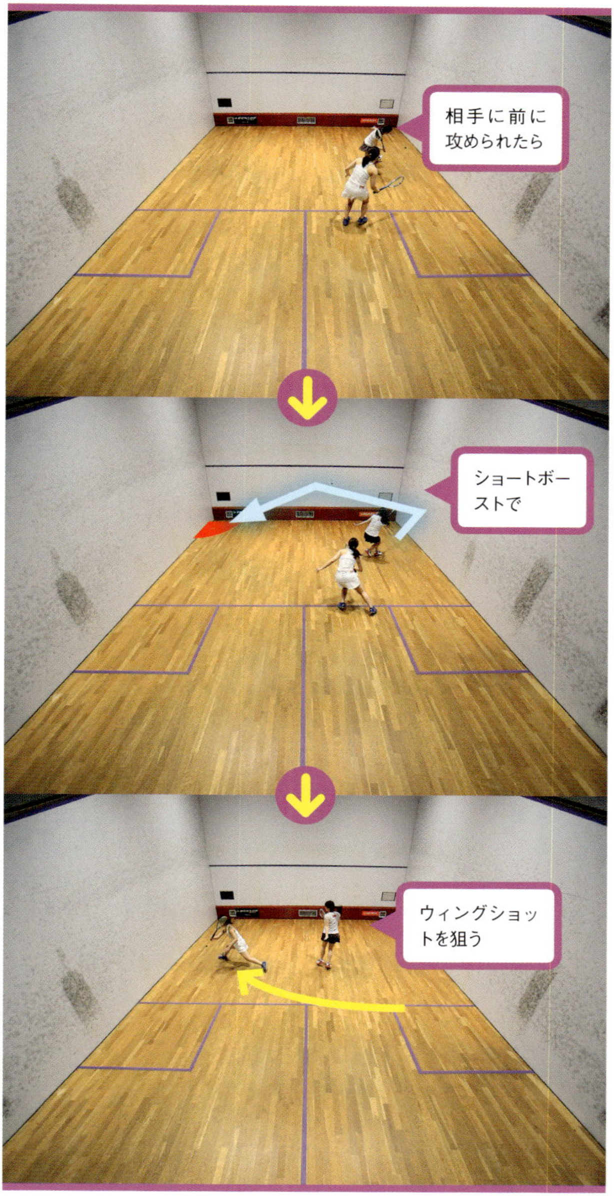
相手に前に攻められたら
ショートボーストで
ウィングショットを狙う

守備編②
設定（相手にバックコーナーに追い込まれたら）

バックコーナーに追いつめられたシチュエーションは、相手有利で自分が不利な状況です。Tでチャンスボールを待っている相手の心理状態を踏まえて、最善の守り方を考えてみましょう。

戦術① ディフェンスボーストで時間を稼ぐ

相手にバックコーナーに追い込まれたときはボーストを使った返球が基本です。このときは、Tに戻る時間を稼ぎたいので、サイドウォール→フロントウォール→サイドウォールに当てるスリーウォールボーストを使うのが理想です。

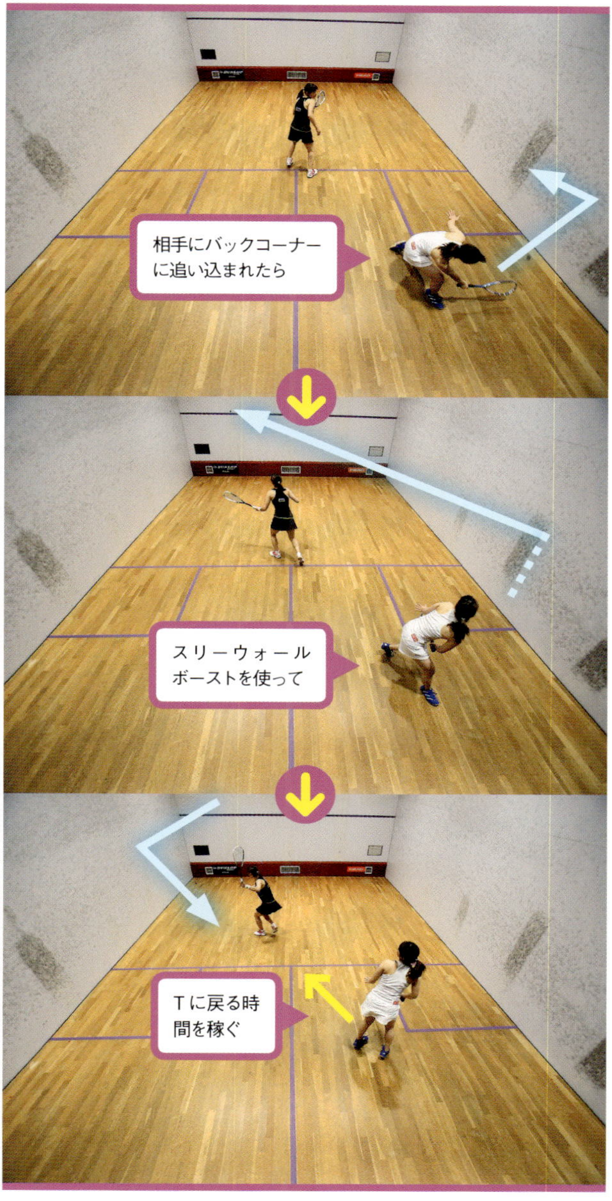
相手にバックコーナーに追い込まれたら
スリーウォールボーストを使って
Tに戻る時間を稼ぐ

戦術② ディフェンスドロップで相手を走らせる

相手にバックコーナーに追い込まれたときにストレートに打てるようだったら、ツーバウンド目が壁際に沿って落ちるようなドロップを打って、相手を前に走らせてTを奪い返すことを考えましょう。

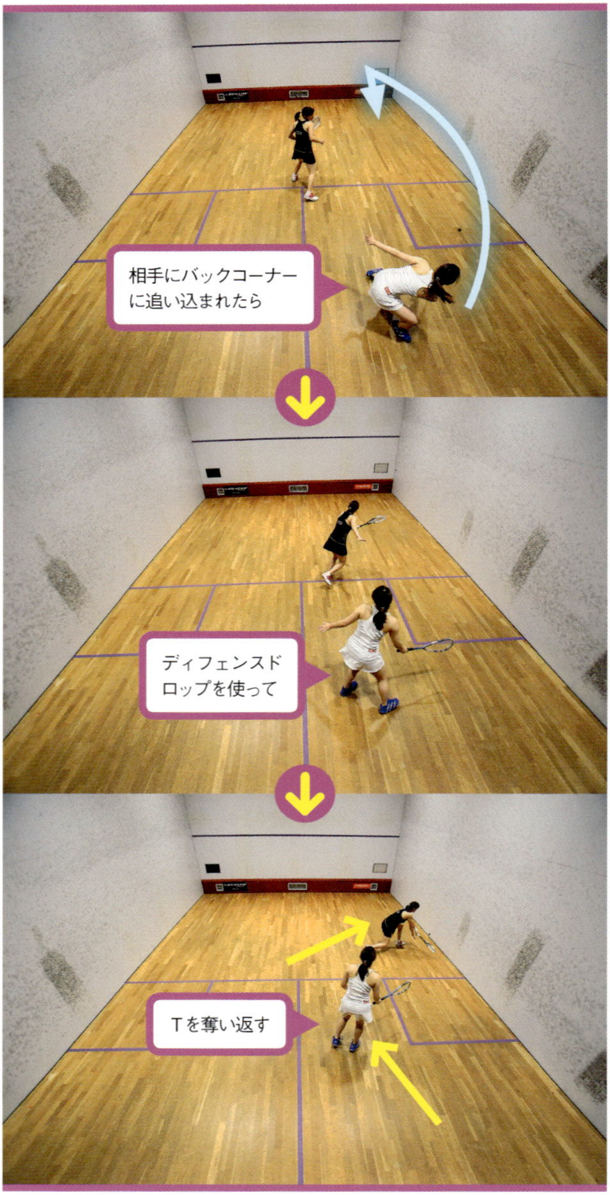
相手にバックコーナーに追い込まれたら
ディフェンスドロップを使って
Tを奪い返す

戦術③ ストレートロブで相手を後ろに下げる

相手にバックコーナーに追い込まれたときに十分スイングスペースが確保できたら、ストレートロブを打って相手を後ろに下げます。相手にボレーカットされてしまうと決められる確率が高いので、高さのあるロブを打つことが重要です。

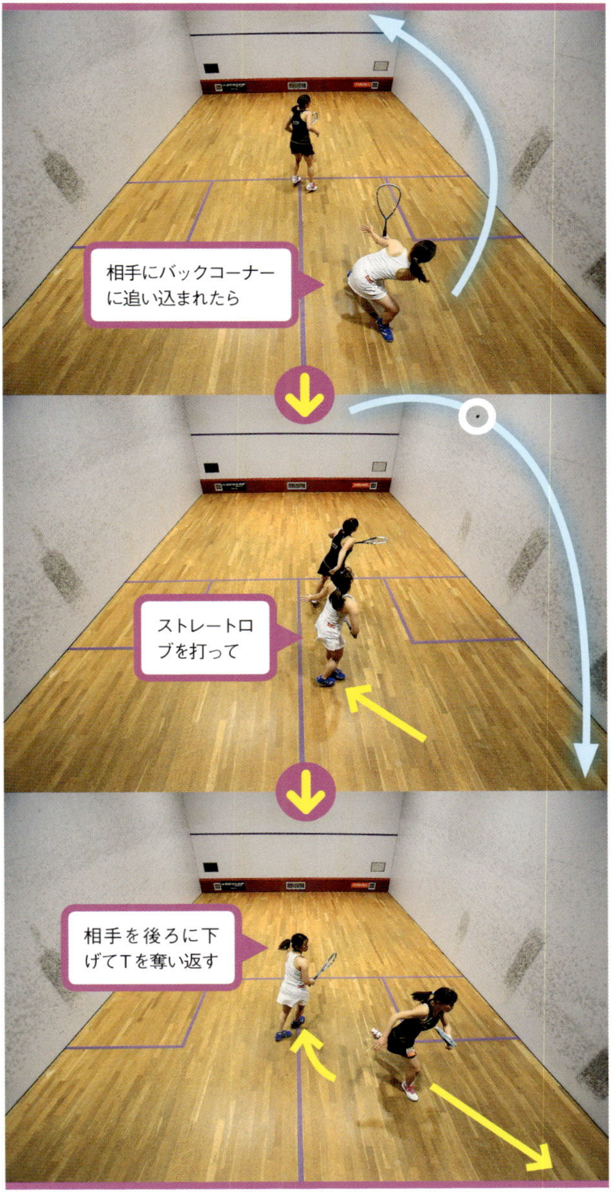
相手にバックコーナーに追い込まれたら
ストレートロブを打って
相手を後ろに下げてTを奪い返す

戦術④ バックウォールリターンで凌ぐ

相手にバックコーナーに追い込まれて、前に返球するためのスイングスペースがないときは、バックウォールの上部にボールを当てて跳ね返すバックウォールリターンを使って凌ぎましょう。ロブを打つときのように大きなフォロースルーを取ってスイングするのがコツです。

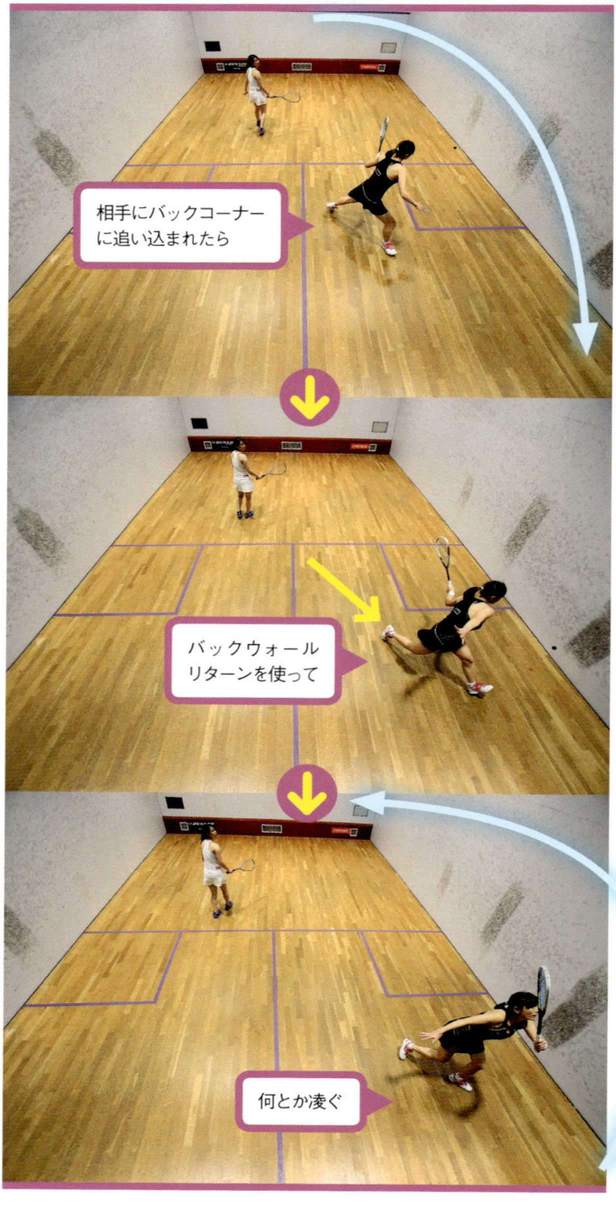
相手にバックコーナーに追い込まれたら
バックウォールリターンを使って
何とか凌ぐ

Column 5

どんな人がスカッシュに向いているの？

高校まではバレーボールをやっていた松井千夏選手がスカッシュを始めたのは、日本体育大学に進みスカッシュサークルに入ってから。4年後には大学1位となり、初心者から始めて6年後の24歳のときに当時最年少で全日本チャンピオンになっています。それから36歳の現在まで全日本選手権では優勝4回。2013年も準優勝でした。

プレイヤー兼インストラクターとして、エスキューブで週に5日一般プレイヤーと接している松井選手に「どんな人がスカッシュに向いているんですか?」と聞いてみました。

「もちろん運動経験がある人は上達が早い傾向があります。同じラケットスポーツから流れてくる人は多くて、テニスやバドミントンの経験者はやっぱり上達が早いと思います。ただし、その競技のクセが身体に染み付いているとそれが邪魔してしまう場合もあります。運動の特性から言えば、バレーボールやバスケットボール、サッカー等、俊敏な動きを要求されるスポーツ経験のある人はスカッシュに向いています。また、スカッシュはゲーム性が高く、相手を観察する目や洞察力に優れた人にも向いているスポーツです。スポーツ経験があってもなくても、スカッシュを始めるときのスタートラインはみんなゼロ! 自分が向いているかどうかの適性を探るためにも一度エスキューブを尋ねて下さい。一緒にボールを打ちましょう!」

あとがき

ラケットとボールを使うスポーツとしてすぐ頭に浮かぶのは、テニス、バドミントン、卓球といったところでしょう。これらの競技は、コートをネットで挟んで、対面にいる相手とポイントを競うという共通項があります。

スカッシュもラケットとボールを使うスポーツですが、他の競技とは趣を異にします。いちばん違うのは、同じコートに競技者同士が立つということ。そして、壁を使うということです。

ラケット競技の上達のためには、練習を繰り返してスキルを上げることが重要ですが、スカッシュの場合は、スキルだけでなく、頭を使うことが何より大切で、「スポーツ界のチェスゲーム」と呼ばれているほどです。

相手のポジションや心理を読みながら、瞬時に壁に当てる入射角と反射角を計算し、先、先を考えながらプレイするのがスカッシュの特徴。とても知的で奥が深いスポーツと言えます。また、俊敏な動きも必要なので、スカッシュをプレイすることで、アスリートに大切な、瞬発力、反射神経、敏捷性等を養うこともできます。

本書は、松井千夏プロを筆頭に、日本のトップにいる選手たちの協力を得て、基本から応用まで、写真を多く使いながら、わかりやすく、実用性の高い内容になっています。スカッシュ経験者の方も、これからスカッシュを始めようと思う初心者の方も、ぜひ参考にしてください。

kimony
ASHAWAY
HEAD

モデルを務めたくれた選手たち

清水孝典（しみず たかのり）

1982年10月6日生まれ、山口県出身。
2005.07.13 全日本選手権準優勝
2007.09.男子世界選手権団体日本代表
2010.アジア競技大会（中国・広州）日本代表
得意なショットはストレートドライブ

山崎真結（やまざき まゆ）

1992年7月16日生まれ、北海道出身。
2008.10.11.13全日本選手権ベスト8
2013.女子世界選手権日本代表
2009.ペナンジュニア選手権大会U-17優勝
得意なショットはボースト

坪郷雅史（つぼごう まさふみ）

1985年2月13生まれ、山口県出身。
2004.全日本学生選手権大会新人戦優勝
2011.12.13 全日本選手権ベスト16
2014.TWO静岡大会優勝
得意なプレイはロングラリー

北村 彩（きたむら あや）

1987年11月18日生まれ、千葉県出身。
2013.全日本選手権大会ベスト16
2013.北海道オープン選手権大会3位
2014.SQ-CUBE CUP TWO さいたま優勝
得意なショットはボレードロップ

STAFF
編集　井山編集堂
本文デザイン　上筋英彌・上筋佳代子（アップライン株式会社）
カバーデザイン　坂井栄一（坂井図案室）
協力　横浜スカッシュスタジアム　SQ-CUBE
http://www.sq-cube.com/

SPECIAL THANKS　渡辺祥広（エスキューブ・キャプテン）

スカッシュ上達《じょうたつ》テクニック

2014年4月1日　初版第1刷発行

著　者　松井《まつい》千夏《ちなつ》
発行者　村山秀夫
発行所　株式会社実業之日本社
〒104-8233　東京都中央区京橋3-7-5　京橋スクエア
[編集部]03（3535）3361
[販売部]03（3535）4441
振　替　00110-6-326
実業之日本社ホームページ　http://www.j-n.co.jp/

印　刷　大日本印刷株式会社
製本所　株式会社ブックアート

ISBN978-4-408-45498-6